TRITO-ISAIAH

APPLICATIO, Informatica-toepassingen in de Theologie

Onder het hoofdje 'Applicatio' publiceert de Werkgroep Informatica aan de Theologische Faculteit van de Vrije Universiteit in Amsterdam een aantal studies, waarin de mogelijkheden van computer-gebruik in de Theologie worden onderzocht en ook de - vaak nog voorlopige - resultaten worden getoond.
Het zwaartepunt ligt eigenlijk vanzelfsprekend op de bewerking van teksten, zoals die in het theologische onderzoek altijd een hoofdrol heeft gespeeld. De taalkundige en exegetische studie van de bijbeltekst, de uitgave en verklaring van teksten uit kerkgeschiedenis en dogmatiek, het samenstellen van overzichten van vakliteratuur.
Het gaat om applicatio, toepassingen van moderne technische hulpmiddelen ten dienste van theologische disciplines.
Omdat deze disciplines vaak al een respectabele leeftijd hebben en elk hun doel en methode hebben geformuleerd in diskussie met de vele generaties die er aan hebben gewerkt, is de confrontatie met eigentijdse computer-techniek in vele opzichten een experiment.
Verslag doen van experimenten is daarom het belangrijkste doel van de reeks.

De redaktie van de serie APPLICATIO wordt gevormd door:

Werkgroep Informatica
Faculteit der Godgeleerdheid
Vrije Universiteit
De Boelelaan 1105
1081 HV Amsterdam

In de serie APPLICATIO verschenen:

1. E. Talstra: II Kön. 3, Etüden zur Textgrammatik
   isbn 90-6256-473-9

2. A. van der Wal / E. Talstra: Amos, Concordance and lexical surveys
   isbn 90-6256-264-7

3. In preparation

4. Jean Bastiaens / Wim Beuken / Ferenc Postma:
   Trito-Isaiah. An exhaustive Concordance of Isa. 56-66, especially with reference to Deutero-Isaiah. An example of computer assisted research.
   isbn 90-6256-185-3

APPLICATIO, Computer Application in Theology

Under the heading 'Applicatio' the "Werkgroep Informatica" of the Faculty of Theology of the Free University, Amsterdam, presents a number of studies investigating the possibilities that the use of computers can offer to the study of theology.
Some preliminary results are demonstrated.
In keeping with what has always been the main business of theology, these studies concentrate on the analysis and production of texts and involve such activities as the linguistic and exegetical research of biblical texts, the editing of and commenting on texts from ecclesiastical history and dogmatics and the work on bibliography.
Because most of these theological disciplines are now of respectable age and have formulated their goals and methods in a generation-long discussion, a confrontation with modern techniques will be in several respects an experiment.
The reporting of such experiments will be main aim of this series.

APPLICATIO
Elektronische Datenverarbeitung für die theologische Forschung

Unter dem Titel 'Applicatio' veröffentlicht die Arbeitsgruppe Informatik ("Werkgroep Informatica") der Theologischen Fakultät der Freien Universität Amsterdam eine Reihe von Studien, die darstellen sollen, wie Computer im Bereich der theologischen Forschung eingesetzt werden können. Die Möglichkeiten dieser neuen Technik werden untersucht und erste - oft noch vorläufige - Ergebnisse öffentlich zugänglich gemacht.
Der Schwerpunkt der Arbeiten liegt - das versteht sich fast von selbst - auf der Verarbeitung von Texten (von jeher Schwerpunkt theologischer Arbeit): dem sprachwissenschaftlichen und exegetischen Studium des Bibeltextes, der Herausgabe und Erklärung von kirchen-geschichtlichen und dogmatischen Texten, der Zusammenstellung von Literaturübersichten.
Es geht um "Applicatio", um Anwendung moderner technischer Hilfsmittel im Dienst der verschiedenen theologischen Disziplinen.
Weil diese Disziplinen aber meist schon ein ehrwürdiges Alter haben und sich auch ihre Ziele und Methoden im Laufe der Diskussion vieler Generationen gebildet haben, wird diese Konfrontation mit Computer-technik in mancher Hinsicht ein Experiment sein.
Von diesen Experimenten zu berichten, das ist das wichtigste Ziel dieser neuen Reihe.

Jean Bastiaens
Wim Beuken
Ferenc Postma

TRITO-ISAIAH

An exhaustive Concordance of Isa. 56-66,
especially with reference to Deutero-Isaiah.
An example of computer assisted research.

VU Uitgeverij / Free University Press
Amsterdam 1984

CIP-GEGEVENS KONINKLIJKE BIBLIOTHEEK, DEN HAAG

Bastiaens, Jean

Trito-Isaiah : an exhaustive Concordance of Isa. 56-66, especially with reference to Deutero-Isaiah : an example of computer assisted research / Jean Bastiaens, Wim Beuken, Ferenc Postma. - Amsterdam : Free University Press. - (Applicatio ; 4)
ISBN 90-6256-185-3
SISO 226.4 UDC 222.014:681.3.01
Trefw.: bijbel ; tekstanalyse ; computertoepassing.

VU Uitgeverij / Free University Press is an imprint of
VU Boekhandel / Uitgeverij b.v.
De Boelelaan 1105
1081 HV Amsterdam
The Netherlands

Cover design: Maurice Rijnen
Printed in The Netherlands by Offsetdrukkerij Kanters, Alblasserdam.

PREFACE

This publication is a direct result of the close cooperation between the Katholieke Theologische Hogeschool of Amsterdam (KTHA, dept. Old Testament) and the Werkgroep Informatica (Faculty of Theology, Vrije Universiteit, Amsterdam).

In view of the subject of a former publication of the Werkgroep Informatica 1.), it is hardly astonishing that now attention is paid to the so-called Third Isaiah, Isa. 56-66. The book presented here links up closely with existing and present-day exegetical research, done by a group of exegetes in Amsterdam. The initiative was taken by W.A.M. Beuken (KTHA), also in view of the book he has planned, sc. a Commentary on Trito-Isaiah (series "De Prediking van het Oude Testament").

The basic text on which this publication is founded, is that of the Biblia Hebraica Stuttgartensia (BHS 1977) 2.). But the division of

----

1. E. TALSTRA/ F. POSTMA/ H.A. van ZWET, Deuterojesaja. Proeve van automatische tekstverwerking ten dienste van de exegese (Amsterdam 1980, 2nd ed. 1981). For the comparing of the vocabularies of Deutero-Isaiah and Trito-Isaiah, the grammatically encoded text of Deutero-Isaiah was once more checked accurately. Three corrections appeared to be necessary. Thus אביר (in אבירי לב , Isa. 46,12) must be distinguished lexicographically from אביר (in אביר יעקב , Isa. 49,26; cf. Isa. 60,16). Then the text-reference Isa. 44,15 sub voce הם must be dropped. And finally, the noun חציר in Isa. 44,4 according to KBL-2 must be taken as a separate lemma and thus be distinguished from the similar noun חציר in Isa. 40,6-8 and 51,12. The users of the concordance of Deutero-Isaiah are kindly requested to take note of these corrections.
2. The authors are still uncertain about the final reading of צריך , in Isa. 57,9. The BHK-edition reads here ציריך , a version which we also can find in the first published fascicle of the BHS (Liber Jesaiae, praep. D.W. THOMAS) from 1968. But in 1969 this reading was critized by I. YEIVIN in his article "The New Edition of the Biblia Hebraica - its Text and Massorah" (Textus, VII (1969), pp. 114-123). On page 117 he writes: " ציריך (57:9) should be צריך (the <u>yod</u> is erased in the MS)". Probably because of this, the version צריך was taken up (without any further justification) in the totum-edition of the BHS, from 1977. But the question is whether there is really an "erasure". A comparison with the facsimile-edition of the Codex L (Jerusalem 1971, Vol. II: Prophets, p. 243, a.l.) makes clear, that the shadow of the <u>yod</u> can still be seen very well. Is it not rather the case, that the <u>yod</u> has been erased by erosion? But if it is a case of an "erasure" (stricto sensu), then the question remains why the singular reading צריך in the Codex L gets no separate justification in the text-critical apparatus of the BHS.

the verses in lines has been done principally according to grammatical and syntactical standards, while the position of the 'atnah was honoured in all cases.

For the final control of the input text it was fortunate that the so-called "Michigan-text" (a complete, not yet morphologically analysed text of the Old Testament on tape) could be used, of which the Werkgroep Informatica has the disposal thanks to an agreement with the research-group "Computer Assisted Tools for Septuagint Studies" (Prof. E. Tov, Hebrew University, Jerusalem and Prof. R.A. Kraft, University of Pennsylvania, Philadelphia USA). A programmatic comparison of the two 'text versions' not only speeded up this control, but also very much sharpened the accuracy.

This publication consists of two principal parts. The first (and also largest) part offers a complete survey of the vocabulary of Trito-Isaiah (with frequency and text-reference), or rather a complete concordance (pp. 19-119). It is the direct advantage of using the computer, that such a concordance can really be complete, i.e. including the article, conjunctions, prepositions, proper names, etc.
In order to study a vocabulary A. Murtonen 3.) has recently spoken strongly in favour of fulness in this matter. In his article he writes: "An objective study of the use of vocabulary can only be based on an exhaustive one" (p. 28). But it is remarkable that in his total survey of the vocabulary of Trito-Isaiah, a number of 'items' has not been included, "for practical reasons, because they are not listed in Mandelkern's Concordance ..." (p. 29). Therefore, it is meaningful to compare Murtonen's handmade survey (cf. pp. 29-33) with the computer concordance presented here.

The second part - which also links up with Murtonen's research - consists of a complete survey of the vocabulary of both Deutero-Isaiah (hereafter abbreviated DI) and Trito-Isaiah (hereafter abbreviated TI), in the form of a frequency-table (pp. 123-148). Here at the same time, the frequency and distribution of the lexemes of DI and TI are given, while for both parts the unica are marked by an asterisk. In his survey of the vocabulary of TI (plus frequency), Murtonen has also - between brackets - included the frequency of the lexemes in common with DI, but he has left out of consideration the unica in DI. Also as far as the latter is concerned, what has already been mentioned above is valid here, viz. that the frequency- and distribution-table presented now, contrary to Murtonen's survey, can boast of completeness. And it is clear that this will be beneficial to the study of the vocabulary of both TI and DI.

----

3. A. MURTONEN, Third Isaiah - yes or no?, Abr-Nahrain, XIX (1980-1981), pp. 20-42.

Some more technical information:

1. The lexemes are all presented here according to KBL-2 (L. KOEHLER/ W. BAUMGARTNER, Lexicon in Veteris Testamenti Libros (Leiden 1958-2), even when this leads to inconsistency. They are divided in: verbs (VB), nouns/adjectives (NM), proper names (NP) and 'others' (no subdivision).

2. Because only the consonant-text was used for the input, the production of extra homographs (sc. as regards KBL-2, for example the nouns בָּקָר and בֹּקֶר) could not be prevented. But to exclude confusion, in the concordance (and in the frequency-tables) I, II, III etc. was printed behind the lexeme concerned.

3. In cases of Ketib/Qere the Ketib was always printed, but for the morphological analysis the Qere was the starting point. Thus one finds, for instance, in Isa. 65,4 the noun פרק printed in the text, but in the concordance and frequency-tables it is presented as מרק .

The publication of this work was made possible thanks to financial support on the part of the Katholieke Theologische Hogeschool of Amsterdam (KTHA).
We are also very obliged to the VU-Boekhandel/Uitgeverij Amsterdam (Free University Press), and this not only for their financial support.

The computer program for the making of the concordance was developed by A. Steenbeek (Mathematisch Centrum, Amsterdam), the program for the frequency- and distribution-table was made by E. Talstra (Werkgroep Informatica).

Last but not least we are grateful to the translator, Mrs. W. Quarles van Ufford, Amsterdam, for her application and accuracy.

We hope that this publication will be of great help!

Amsterdam, March/July 1984

J. BASTIAENS
W. BEUKEN
F. POSTMA

INTRODUCTION

The publication of a partial concordance of Isa. 56-66, as a sequence to the concordance of Isa. 40-55 (cf. PREFACE, Note 1), seems to be justified only if it is certain that both series of chapters are a distinguishable unity in a historical-critical sense and, moreover, that the division is indeed between ch. 55 and ch. 56. But both conditions are no more than working hypotheses, broadly accepted, it is true, but not generally, let alone proved. A partial concordance of Isa. 56-66 can appear to be still less justified than one of Isa. 40-55, because according to many scholars the chapters 56-66 contain a loose collection of prophecies, no unity whatsoever, while one is inclined to attach an original inner connection to the chapters 40-55, whatever the character thereof might be.

Is this concordance, together with the former, meant to confirm this working hypothesis by means of begging the question? The authors don't fear that reproach, because a concordance is an unpretentious instrument. It does not start from any presupposition, but arranges words according to the sequence of chapters and verses. A concordance of a part of the Bible does not contain more hypotheses than the concordance of the whole Bible. The concordances of DI and TI can be used next to one another, even if one has a different opinion about the coherence of Isa. 40-66. They can help to confirm as well as to refute the distinction on which they are founded.

This concordance, together with the one of Isa. 40-55, meets the need to describe the vocabulary of Isa. 40-66 systematically. Of course the surmise reigns that many lexemes within the second part of the book of Isaiah show a development. However, not a development such that for all concepts this proceeds similarly in the sequence of the chapters. It is not proved that Isa. 40-66 have one and only uniform compartmentalisation, to which the shifting in significance of all or most words answers. Thus, it is a well-known phenomenon that the noun עבד in Isa. 56-66 always occurs in the plural, but in Isa. 40-55 in the singular, except in the last text, Isa. 54,17, where it is 'already' in the plural. While in Isa. 40-55 there is hardly one conception which carries more weight, one has rarely used this 'too early' transition from the singular to the plural as an argument to let the third part of the book of Isaiah begin with ch. 54. This example may be sufficient to illustrate the intention of the authors regarding this partial concordance. The division between ch. 55 and ch. 56 does answer to a working hypothesis, but actually its character is merely numerical and does not oblige to anything. The authors do hope that an extensive research of as many words as possible can lead to the making of deductions about the inner connection and division of Isa. 40-66, which are more binding than our present-day working hypotheses.

Finally it is necessary to mention here some detailed lists of words and researches of the vocabulary of Isa. 56-66, whether or not coupled to those of Isa. 40-55, which previously have been able to provide in the afore mentioned need. These have been put together when automatic text processing was not yet possible, and merely give a choice of lexemes with their morphological characteristics and syntactical functions.
Their design often reflects the idea of the composers about the connection of Isa. 40-55 with Isa. 56-66. Just the same, the authors of this book know that they have an obligation towards the scientific program of these predecessors.

LITT.:

K. ELLIGER, Die Einheit des Tritojesaia (Jesaia 56-66) (BZAW 45), (Stuttgart 1928)

H. ODEBERG, Trito-Isaiah (Isaiah 56-66). A literary and linguistic analysis (Uppsala Universitets Årsskrift 1931, Teologi 1), (Uppsala 1931)

K. ELLIGER, Deuterojesaja in seinem Verhältnis zu Tritojesaja (BZAW 63), (Stuttgart 1933)

P.-E. BONNARD, Le Second Isaïe. Son disciple et leurs éditeurs. Isaïe 40-66 (Etudes bibliques), (Paris 1972)

A. MURTONEN, Third Isaiah - yes or no?, Abr-Nahrain, XIX (1980-1981), pp. 20-42

I. SOME EXAMPLES OF WORD RESEARCH with the aid of AUTOMATIC TEXT PROCESSING

1. צדק

The root צדק is an example of a lexeme, for which one has presumed different significances in DI and TI. In Isa. 56,1 the transition in significance seems to be visible. Even before one began to ascribe the chapters 40-55 and 56-66 to various authors, commentators felt obliged, in Isa. 56,1, to point to the fact that צדקה has different meanings in this single verse: human behaviour in accordance with God's law and salvation coming from God (CHEYNE, p. 62f.). Afterwards, authors who do not take over the distinction between DI and TI, go on doing the same. One also meets explanations which reduce the two meanings to one single basic meaning (cf. DELITZSCH, p. 545: "auf beiden Seiten die bundesverhältnisgemässe Selbstbethätigung"). Others point to the fact that also in previous chapters there is question of human צדקה and in later ones of divine צדקה (cf. respectively KISSANE, p. 209 and SKINNER, p. 147f.). The differentiation of meaning of the word צדקה in Isa. 40-66 has always been under discussion, whether in connection with historical-critical questions or not.
When the distinction between DI and TI as working hypothesis had been accepted and when one turned to taking a systematic inventory of the differences in their use of words, צדקה became a classic example. It is remarkable that the description is directed towards 'the contents' of the word. Here Duhm (cf. DUHM, p. 419, p. 430) takes the initiative when he explains the meaning of צדקה in TI as "Werkgerechtigkeit", in the specific negative sense proper to this term. Elliger's description (cf. ELLIGER, p. 13, p. 184) is more moderate: "divine salvation" in DI, "the right human attitude", even "piety" in TI. Later on other characterizations occur. DI expects צדקה in the near future, but for TI it will come at the end, it is an eschatological concept. In DI it is a divine characteristic, in TI more "dinghaft" (cf. K. KOCH, in: ThHAT, II, col. 527f.). Later still one starts looking for continuity in the differences between DI and TI. Thus Schmid (cf. SCHMID, p. 137) concludes: "צדקה bezeichnet somit auch bei Tritojesaja im wesentlichen das künftige Heil. Im Gegensatz zu Deuterojesaja bahnt sich jedoch die Vorstellung an, dass diese צדקה Jahwes in einem Gerichtsakt manifest werden wird, in dem Israel gerettet, die Feinde jedoch vernichtet werden". Bonnard (cf. BONNARD, p. 541) in his description of 'justice' - under which he brings together all the forms of the root -, distinguishes a number of categories which are to be found in DI as well as in TI: "la justice de Dieu" and "la justice de Dieu justifiant Israël, qui, à son tour, doit justifier les nations" (this latter being further subdivided). Only the catagory "la justice de Dieu opérant par Cyrus", is missing in TI. Finally, Scullion (cf. SCULLION, p. 348) determines that in TI צדק and צדקה nowhere implicate an "objective norm". As in DI, "the context is predominantly salvific",

a few places excepted, where the concepts refer to the keeping of the true cult.
None of these studies give a summary of how the root צדק differentiates itself according to form of word, parallel terms and the use of suffixes. Only in Scullion's article is the difference between צדק and צדקה the foundation of the description of meaning. A concordance based on automatic text processing can show that the root צדק in DI and TI occurs differently in many aspects. We first give here the frequency in outline:

	DI	TI
צדיק	4	3
צדק VB	5	0
צדק NM	10	7
צדקה	11	13

The statistic data are not very relevant. In TI the verb does not occur. The lawsuit, between God on the one hand and the nations and Israel on the other hand, is spoken of no more (צדק , Qal: Isa. 43,9. 26 and 45,25), neither the justification of the Servant versus his opponents (Isa. 50,8 and 53,11). Furthermore in TI the frequency of the word צדקה is higher than that of צדק , in DI it is the other way round. But the difference is so relative that it is difficult to interpret.
Other data are more interesting. It appears that in TI the root צדק occurs only once without an equivalent in synonym parallelism (Isa. 60, 21; יירשו is more an equivalent in progressive parallelism). In DI, on the contrary, it can be found 11 times without such equivalent: 6 times for צדק NM (Isa. 41,2.10; 42,6.21; 45,8a.13), but also for the other three root forms (צדיק : Isa. 41,26; 53,11; צדק VB: Isa. 43, 26; 53,11; צדקה : Isa. 54,14). The conclusion seems justified, that the meaning of the root צדק is more sharply defined in DI, so that a parallel word is not necessary or difficult to find. This holds especially true for צדק NM. Where in DI there is an equivalent for צדק NM, this is God (Isa. 51,1) or an attribute of His (Isa. 45,19: מישרים ; 51,5: ישעי ; 51,7: תורתי).
As for the parallelism of the root צדק , DI does use an equivalent 11 times. This is 6 times a word of the root ישע (Isa. 45,8b.21; 46,13; 51,5.6.8), twice אמת (Isa. 43,9 and 48,1). All the other parallel terms occur only once. Thus, in DI the root צדק , in as much as it has an equivalent, is especially covered by the root ישע .
In TI, where as already has been said, with one exception always a parallel word is used, this is on a total of 22 places 5 times a word of the root ישע (Isa. 56,1; 59,17; 61,10; 62,1; 63,1), 4 times a word of the root שפט (mostly with צדקה : 56,1; 58,2; 59,4.14), twice כבוד (58,8; 62,2). The two latter terms are missing as parallels

in DI. Among the other 11 parallel concepts, which as such occur only once, there are four which are also used as parallels by DI: אמונה (Isa. 59,4; cf. אמת in Isa. 43,9 and 48,1), שלום (Isa. 60,17; cf. 48,18), יהוה (Isa. 61,3; cf. 51,1), תהלה (Isa. 61,11; cf. הלל, Hitp. in 45,25).

As an equivalent for a form of the root צדק, the following words are only to be found in one of the two prophets and then only once: in DI * מישרים (Isa. 45,19), דבר (Isa. 45,23), עז (Isa. 45,24), אבירי לב (Isa. 46,12), * גבור (Isa. 49,24), לא אבוש (Isa. 50,7), * תורתי (Isa. 51,7), נחלה (Isa. 54,17); in TI אנשי חסד (Isa. 57,1), * הלך נכחו (Isa. 57,1), מעשיך (Isa. 57,12), * קרבת אלהים (Isa. 58,2), זרעו (Isa. 59,16), בדרכיך יזכרוך (Isa. 64,4) and כלנו (Isa. 64,5). (The words marked with * do not occur at all in the other prophet).

Finally, if we look at the suffixes with which the nouns צדק and צדקה occur, then we notice that in DI a suffix referring to God dominates (6 times: Isa. 41,10; 42,21; 46,13; 51,5.6.8). Only twice does it refer to Israel (Isa. 48,18 and 54,17). In TI the proportion is the other way round: twice the suffix refers to God (Isa. 56,1 and 59,16), 5 times to Israel or Sion (Isa. 57,12; 58,8; 62,1.2; 64,5). The difference in the persons to whom the suffixes point, was probably the reason for the above-mentioned global descriptions of the use of the root צדק in DI and TI. But if, with the aid of automatic text processing, one maps out the words in question in more detail, then it appears that the semantic fields in which צדק functions in DI and TI, although somewhat similar (the parallelism of ישע), differ very much, not only as regards their composition, but also as regards their influence on the significance (in DI a parallel is often missing). That is why one can hardly give general comparing definitions of contents. As regards TI this means: the contents of צדק are dependent every time in the first place on a multiple of factors in the immediate context. Here the continuity with DI merely plays a discreet part, unless TI clearly takes over a text from DI.

2. כבוד

Because the number of occurrences in DI and TI shows the ratio 1.55/1 (5738 and 3688 respectively), the difference in frequency between DI and TI as regards כבוד is remarkable: 5 times as against 12 times. (The verb כבד occurs 5 times in both parts).
It is also remarkable that כבוד only occurs in DI in the first cycle (ch. 40-48). The same holds for the verb כבד, with one single exception (Isa. 43,4.20.23; 47,6 and 49,5). This phenomenon does not stand by itself. A group of important words of TI only occurs in the first cycle together with ch. 49, which is, understandably, the connection with the first cycle. This is partly because of the fact that certain themes in DI are completed b e f o r e the beginning of the

second cycle (sc. the lawsuit against the nations and their gods, the first and the last things, Cyrus and the fall of Babel). But other words do not belong to themes which are only proper to the first cycle (perhaps with ch. 49). A list of examples follows under III.
Let us now observe the semantic field in which כבוד functions in DI and TI. We noticed that the differences were remarkable, but at the same time, there is an enframing connection. In DI the term concerns without exception the כבוד of YHWH, while in TI it occurs three times in another connection (Isa. 60,13; 61,6; 66,12). This fits in the general picture that DI uses his vocabulary consistently. He likes to give more restricted contents to words than what can be found in the Hebrew dictionary; he spreads the use of a term functionally over the structure of Isa. 40-55. He also lets concepts develop, to serve the drama of his prophecy. The broader semantic field of כבוד in TI does not necessarily point to a vocabulary which is less deliberate, but can be a result of the fact that we do not have before us the severely composed work of one single author, but a collection of prophecies of different origin.
Twice in DI, the כבוד of YHWH stands parallel to תהלה (Isa. 42,8.12), twice in close connection with the name (שם) of God (Isa. 42,8 and 43,7), and once with תהלה and שם together (in Isa. 48, vs. 11 is externally parallel with vs. 9). Briefly, in four of the five texts כבוד appears in a context of speaking and hearing. Besides, it refers to the new things (Isa. 42,8.12; 48,11), specified as the new salvation (Isa. 43,7), which God brings to Israel. Only in Isa. 40,5 does כבוד stand in a semantic field with 'to see' and 'to be revealed' (ראה and גלה , Nif.) and with 'all flesh', i.e.: the nations.

In TI the כבוד of YHWH functions principally in this latter semantic field. Twice, in Isa. 58,8 and 62,2, the expression stands parallel with צדק , but in these places also in connection with words of 'light' (אור and נגה), in the latter text moreover in connection with 'nations'. That context of 'light' and 'nations' is also present in Isa. 60,1.2 and 66,18.19 (first time). In TI, the כבוד of YHWH stands twice in the connection which characterises DI: in Isa. 59,19 parallel to 'name', in Isa. 66,19 (second time) as object of 'to proclaim'.
We ascertain that the concept of the כבוד of YHWH has other components in TI than in DI. It generally leans on the metaphor of 'to see', but the semantic connection of 'to speak', characteristic for DI, is not missing entirely. In the last text where the concept, even twice, occurs in TI (Isa. 66,19), we notice the semantic backgrounds of 'to see' and 'to speak' as occurring together. If we see furthermore that right at the beginning of his prophecy and only there (Isa. 40,5), DI uses the כבוד of YHWH in the semantic field of 'to see', which is so characteristic for TI, then we can conclude that the term, notwithstanding all the differences between DI and TI, is all the same used, in such a way that it enframes Isa. 40-66 also as a coherent part of the book of Isaiah. And thus research with the aid of auto-

matic text processing can map out the complicated net of the semantic relations between DI and TI in a way which - simultaneously - demonstrates the deeply rooted difference a n d the (editorial?) connection between both parts of the book of Isaiah.

3. קדוש and קדש

In DI the noun קדוש occurs 14 times, always as a title for God: 11 times in the connection קדוש ישראל (Isa. 41,14.16.20; 43,3.14; 45, 11; 47,4; 48,17; 49,7; 54,5; 55,5), twice with a suffix referring to Israel (Isa. 43,15 and 49,7), and once used absolutely (Isa. 40,25). Clearly this word is reserved for indicating God. If DI uses 'holy' in another connection, he takes קדש (4 times: Isa. 43,28; 48,2; 52,1.10). He does not use the verb קדש .
In TI the two terms are less specific. Here קדוש is used in the title קדוש ישראל and then twice in one single context (Isa. 60,9.14), and further once absolutely as a name for God (Isa. 57,15).
In the latter text, קדוש also stands for God's dwelling place, in Isa. 58,13 it means 'sabbath'. In TI, the usual word for 'holy' is קדש , but this never regards YHWH himself (14 times: Isa. 56,7; 57, 13; 58,13; 62,9.12; 63,10f.15.18; 64,9f.; 65,11.25; 66,20). The verb קדש does occur in TI, even in a negative sense (Isa. 65,5 and 66, 17).
We conclude, that in TI the concept 'holy' is used in a broader meaning than in DI. But in TI, as title of God, the term occurs so rarely, that we can speak of an erratic stone from the tradition of DI. And yet TI remains faithful to the semantic differentiation between קדוש and קדש , which characterises DI. Also TI reserves קדוש for God. In Isa. 57,15 and 58,13 the use of קדוש instead of קדש is functional: God's dwelling place and the sabbath here acquire an ultimate grade of holiness (see the Commentaries).

4. גוי and עם

The use of these words in DI and TI is partly parallel, but the differences are relevant. DI uses גוי 3 times in the singular, 13 times in the plural. In TI, the proportion is 5 times and 15 times. The plural dominates, because in both parts of the book of Isaiah גוים is the usual term for 'the nations' (Isa. 40,15.17; 41,2; 42,1.6; 43,9; 45,1.20; 49,6.22; 52,10.15; 54,3; 60,3.5.11f.16; 61, 6.9.11; 62,2; 64,1; 66,12.18 (twice).19f.).
For the word עם the proportion between singular and plural is the other way round: for DI respectively 21 times and 3 times, for TI 17 times and 5 times. Here the singular dominates, because in both parts of the book of Isaiah עם is the usual term for the people of God (Isa. 40,1.7; 42,5 (exception).6.22; 43,8.20f.; 44,7; 47,6; 49,

8.13; 51,4.7.16.22; 52,4ff.9; 53,8; 56,3; 57,14; 58,1; 60,21; 62,10. 12; 63,8.11.14.18; 64,8; 65,2.3.10.18f.22).

One can make an interesting comparison, not regarding the singular גוי , because the use of this word as generic name is absolutely general (Isa. 49,7; 55,2; 58,2; 60,12.22; 65,1.8), but concerning the plural עמים . DI uses it 3 times. First twice in one single context, where איים stands as equivalent (51,4f.). In this passage, there is an exchange of the usual indications for Israel and the nations. As Israel is called לאומי here (// עמי , vs. 4), so the nations are adressed here by the word עמ(י)ם , valid for Israel. When this has been determined, then on the other text Isa. 49,22 too new light is shed. עמים is parallel here to גוים . Elsewhere in DI, גוים stands parallel to or has as equivalent איים (Isa. 40,15), מלכים (Isa. 41,2; 45,1; 52,15), עם (Isa. 42,6 Israel!), לאמים (Isa. 43, 9), קצה הארץ (Isa. 49,6), כל אפסי ארץ (Isa. 52,10), and צרים (Isa. 54,3). Against the background of this semantic field the parallelism גוים // עמים in Isa. 49,22, unique in DI, cannot be traditional or fortuitous. The pair of words goes well with the positive place which, from Isa. 45,22 and 49,6 onwards, the nations occupy in the salvation, and it anticipates the mentioned exchange of terms for Israel and the nations in Isa. 51,4f.

As for the use of עמים in TI, in the first text where the word occurs, Isa. 56,7, the meaning of universal salvation, characteristic of DI, works on, in view of the context. This can also be the case in Isa. 61,9 where, as in Isa. 49,22, גוים occurs parallel to עמים , and also in Isa. 62,10. This verse, even if it is not a quotation of Isa. 49,22, is connected with it in a traditio-historical way. Only in Isa. 63,3.6, a description of the judgment pronounced on the nations, one could definitely expect גוים instead of עמים , if one takes into consideration the terminology of DI and TI. This deviating vocabulary can be an argument for those commentators who - as for example Pauritsch - doubt "ob Jes. 63,1-6 in das trjes Buchkonzept aufgenommen worden sein konnte" (cf. PAURITSCH, p. 144).

LIST of WORKS quoted (in sequence of being mentioned)

T.K. CHEYNE, The prophecies of Isaiah, II (London 1882-2)

F. DELITZSCH, Commentar über das Buch Jesaia (Biblischer Commentar), (Leipzig 1889-4)

E.J. KISSANE, The book of Isaiah, II (Dublin 1943)

J. SKINNER, The book of the prophet Isaiah. Chapters XL-LXVI (The Cambridge Bible), (Cambridge 1910-4)

B. DUHM, Das Buch Jesaia (Göttingen 1968-5; 1922-4)

K. ELLIGER, Deuterojesaja in seinem Verhältnis zu Tritojesaja (BZAW 63), (Stuttgart 1933)

K. KOCH, Art. צדק in: E. JENNI/ C. WESTERMANN (Hrsg.), Theologisches Handwörterbuch zum Alten Testament (ThHAT), II (München 1976)

H.H. SCHMID, Gerechtigkeit als Weltordnung. Hintergrund und Geschichte des alttestamentlichen Gerechtigkeitsbegriffes (Beiträge zur historischen Theologie 40), (Tübingen 1968)

P.-E. BONNARD, Le second Isaïe. Son disciple et leurs éditeurs (Etudes bibliques), (Paris 1972)

J.J. SCULLION, SEDEQ-SEDAQAH in Isaiah cc. 40-66 with special reference to the continuity in meaning between Second and Third Isaiah, Ugarit Forschungen, III (1971), pp. 335-348

K. PAURITSCH, Die neue Gemeinde: Gott sammelt Ausgestossene und Arme (Jesaia 56-66) (Analecta Biblica 47), (Roma 1971)

II. SOME NUMBERS and CONCLUSIONS regarding the VOCABULARY of DI and TI in their MUTUAL RELATION

1. Occurrences DI: 5738
   Occurrences TI: 3688 --> RELATION DI and TI: 1.55/1

2. Vocabulary DI: 1Ø33
   Vocabulary TI: 811 --> RELATION DI and TI: 1.27/1

3. Unica of DI as regards TI: 563
   Unica of TI as regards DI: 341 --> RELATION DI and TI: 1.65/1

4. Occurrences DI: 5738
   Vocabulary DI: 1Ø33 --> FREQUENCY DI: 5.55/1

   Occurrences TI: 3688
   Vocabulary TI: 811 --> FREQUENCY TI: 4.55/1

5. Vocabulary DI: 1Ø33
   Unica of DI as regards TI: 563 --> RELATION vocabulary and unica DI: 1/Ø.54

   Vocabulary TI: 811
   Unica of TI as regards DI: 341 --> RELATION vocabulary and unica TI: 1/Ø.42

CONCLUSIONS

1. DI has more words than TI (1) and also, when taken absolutely, his vocabulary is larger (2), but in proportion to the larger number of occurrences, less big (1-2). That is why, in DI, on an average, a word occurs more often than in TI (4). If the relation between occurrences and vocabulary in a work says something about the number of themes, treated by an author, then TI, in his work, has more subjects than DI in his.

2. Rather more than the half of the vocabulary of DI does not occur in TI, rather less than the half of the vocabulary of TI does not occur in DI (4-5). If the number of unique words in a work with respect to another work says something about the themes which they do not have in common, there is a distinct difference in theme between DI and TI. Then, in about the same measure, they are independent of one another.

III. SOME DATA regarding the RELATION of Isa. 40-48 and Isa. 49-55 to Isa. 56-66

In a comparing research of the vocabularies of DI and TI, one must - as has been said (cf. II.2) - take the phenomenon into consideration that a number of terms, important to both prophets, occurs in DI only in the first cycle (ch. 40-48), or only in the second cycle (ch. 49-55), or only in the first cycle together with the following transitory chapter (ch. 40-49). A simple program of automatic text processing showed the mutual totals (see below). Of course not all the lexemes which one of the parts of DI has in common with TI, are relevant. A personal choice of terms thereof, based both on the number of times that a word occurs and on evident connection of meaning (or a surmise of this), led to a separate column 'relevant'.

First of all, here follows a summary of the totals of vocabulary, occurrences and unica of DI, of the supposed cycles of DI, and of TI.

	DI	40-48	49-55	40-49	50-55	TI
Vocabulary	1033	761	594	824	508	811
Occurrences	5738	3568	2170	4049	1689	3688
Unica	--	439	272	525	209	--

Next we give a summary of the lexemes which the two cycles of DI, with and without ch. 49, have in common with TI.

Isa. 40-48	Isa. 49-55	Isa. 56-66	'Relevant'
127	-	127	18
-	95 (67+28)	95	26

Isa. 40-49	Isa. 50-55	Isa. 56-66	'Relevant'
173(127+46)	-	173	38 (18+20)
-	67	67	16 (26-10)

From this summary, the central position of ch. 49 appears at a first glance. According to whether one counts it as belonging to the first or the second cycle, it brings a big difference in the relation of the vocabulary exclusively common with TI, taken ab-

solutely as well as regarding the relevant lexemes.
For the rest, one should take into consideration that the greater number of lexemes for which ch. 49 is repeatedly responsible (95= 67+28; 173=127+46; 38=18+20; 16=26-10), does not necessarily only occur in ch. 49, with exception of respectively ch. 40-48 and ch. 50-55. The words which ch. 49, either linked with ch. 50-55, or with ch. 40-48, has in common with ch. 56-66 are marked separately.

Here follow the lists of common terms which, in our opinion, are especially important.

1. Isa. 40-48 and Isa. 56-66

אהב		3+5	חטאת		4+3
איב		1+5	חיה	NM	3+2
אמת		3+3	חשה		1+5
בחיר		3+3	כבוד		5+12
בית		6+12	סמך		1+3
בנה		3+6	צור	NM	7+2
דרך	VB	2+4	צאצאים		3+2
חדש	NM	5+5	שלם		3+7
חטא	VB	2+2	תהלה		5+6

2. Isa. 49-55 and Isa. 56-66
(terms marked with * do not occur in Isa. 50-55)

אביר		1+1 *	לכן		4+2	
בגד	NM	4+7	מות		4+5	
בעל	VB	2+4	מחשבה		5+4	
ברך	VB	1+5	נגה		1+3	
דרש		1+4	נכה		3+4	
חומה		1+4 *	סור		2+2	
ינק		1+4 *	ענה	VB I	2+5	
ירש		1+6	קרוב		3+2	
ישועה		6+5	רחם	VB	6+1	
כלי		3+3	רצון		1+5	*
כסה		1+4	שמחה		4+2	
כף		2+4	שחת	VB	2+3	
לבש		5+3	שמם		5+4	

3. Isa. 40-49 and Isa. 56-66
(terms marked with * do not occur in Isa. 40-48)

אהב		3+5		חשך		6+3	
איב		1+5		יגע		9+3	
אלה		15+7		ינק		1+4	*
אמת		3+3		יעקב		22+5	
אף	NM	3+4		ישע	VB	13+8	
בחיר		3+3		כבד		5+5	
בית		6+12		כבוד		5+12	
בנה		3+6		מלט		4+1	
בשר		6+6		מסלה		2+2	
גיל		2+4		סמך		1+3	
גם		10+6		צור	NM	7+2	
דרך	VB	2+4		פעלה		2+3	
חדש	NM	5+5		צאצאים		3+2	
חוה		6+2		קצה		4+2	
חומה		1+4	*	רחוק		4+6	
חטא	VB	2+2		רצון		1+5	*
חטאת		4+3		שלם		3+7	
חיה	NM	3+2		תהו		7+1	
חשה		1+5		תהלה		5+6	

4. Isa. 50-55 and Isa. 56-66

בגד	NM	4+7	מות		4+5
בצע	VB	2+4	מחשבה		5+4
ברך	VB	1+5	נגה		1+3
דרש		1+4	סור		2+2
ירש		1+6	ענה	VB I	2+5
כלי		3+3	קרוב		3+2
כסה		1+4	שמחה		4+2
לכן		4+2	שחת	VB	2+3

C O N C O R D A N C E

אב *
6X NM.
IS 58,14 והאכלתיך נחלת יעקב אביך
IS 63,16 כי אתה אבינו
IS 63,16 אתה יהוה אבינו
IS 64,07 ועתה יהוה אבינו אתה
IS 64,10 אשר הללוך אבתינו
IS 65,07 עונתיכם ועונת אבותיכם יחדו

אבד *
2X VB.
IS 57,01 הצדיק אבד
IS 60,12 כי הגוי והממלכה אשר לא יעבדוך יאבדו

אביר *
1X NM. I
IS 60,16 וגאלך אביר יעקב

אבל *
1X VB.
IS 66,10 כל המתאבלים עליה

אבל *
2X NM. II
IS 60,20 ושלמו ימי אבלך
IS 61,03 שמן ששון תחת אבל

אבל *
3X NM. III
IS 57,18 ואשלם נחמים לו ולאבליו
IS 61,02 לנחם כל אבלים
IS 61,03 לשום לאבלי ציון

אבן *
2X NM.
IS 60,17 ותחת האבנים ברזל
IS 62,10 סקלו מאבן

אברהם *
1X NP.
IS 63,16 כי אברהם לא ידענו

אגדה *
1X NM.
IS 58,06 התר אגדות מוטה

אגמון *
1X NM.
IS 58,05 הלכף כאגמן ראשו

אגרף *
1X NM.
IS 58,04 ולהכות באגרף רשע

אדום *
1X NP.
IS 63,01 מי זה בא מאדום

אדם *
2X NM.
IS 56,02 ובן אדם יחזיק בה
IS 58,05 יום ענות אדם נפשו

אדם *
1X NM. I
IS 63,02 מדוע אדם ללבושך

* אדני — 5X NP.

IS 56,08 נאם אדני יהוה
IS 61,01 רוח אדני יהוה עלי
IS 61,11 כן אדני יהוה יצמיח צדקה
IS 65,13 לכן כה אמר אדני יהוה
IS 65,15 והמיתך אדני יהוה

* אהב — 5X VB.

IS 56,06 לשרתו ולאהבה את שם יהוה
IS 56,10 אהבי לנום
IS 57,08 אהבת משכבם
IS 61,08 כי אני יהוה אהב משפט
IS 66,10 כל אהביה

* אהבה — 1X NM.

IS 63,09 באהבתו ובחמלתו

* און — 5X NM. I

IS 58,09 שלח אצבע ודבר און
IS 59,04 הרו עמל והוליד און
IS 59,06 מעשיהם מעשי און
IS 59,07 מחשבותיהם מחשבות און
IS 66,03 מזכיר לבנה מברך און

* אור — 2X VB.

IS 60,01 קומי אורי כי בא אורך
IS 60,19 ולנגה הירח לא יאיר לך

* אור — 8X NM.

IS 58,08 אז יבקע כשחר אורך
IS 58,10 וזרח בחשך אורך
IS 59,09 נקוה לאור והנה חשך
IS 60,01 קומי אורי כי בא אורך
IS 60,03 והלכו גוים לאורך
IS 60,19 לא יהיה לך עוד השמש לאור יומם
IS 60,19 והיה לך יהוה לאור עולם
IS 60,20 כי יהוה יהיה לך לאור עולם

* אות — 1X NM.

IS 66,19 ושמתי בהם אות

* אז — 4X

IS 58,08 אז יבקע כשחר אורך
IS 58,09 אז תקרא ויהוה יענה
IS 58,14 אז תתענג על יהוה
IS 60,05 אז תראי ונהרת

* אזן — 1X VB.

IS 64,03 לא האזינו

* אזן — 1X NM.

IS 59,01 ולא כבדה אזנו משמוע

אח *

2X NM.

IS 66,05 אמרו אחיכם שנאיכם
IS 66,20 והביאו את כל אחיכם

אחד *

4X NM.

IS 65,25 זאב וטלה ירעו כאחד
IS 66,08 היוחל ארץ ביום אחד
IS 66,08 אם יולד גוי פעם אחת
IS 66,17 אחר אחד בתוך

אחור *

1X NM.

IS 59,14 והסג אחור משפט

אחר *

4X NM.

IS 57,08 ואחר הדלת והמזוזה
IS 59,13 ונסוג מאחר אלהינו
IS 65,02 אחר מחשבתיהם
IS 66,17 אחר אחד בתוך

אחר *

3X NM. I

IS 65,15 ולעבדיו יקרא שם אחר
IS 65,22 לא יבנו ואחר ישב
IS 65,22 לא יטעו ואחר יאכל

אי *

2X

IS 66,01 אי זה בית אשר תבנו לי
IS 66,01 ואי זה מקום מנוחתי

אי *

3X NM. I

IS 59,18 לאיים גמול ישלם
IS 60,09 כי לי איים יקוו
IS 66,19 האיים הרחקים

איב *

5X VB.

IS 59,18 חמה לצריו גמול לאיביו
IS 62,08 מאכל לאיביך
IS 63,10 ויהפך להם לאויב
IS 66,06 גמול לאיביו
IS 66,14 וזעם את איביו

איה *

3X

IS 63,11 איה המעלם מים
IS 63,11 איה השם בקרבו
IS 63,15 איה קנאתך וגבורתך

איל *

1X NM. I

IS 60,07 אילי נביות ישרתונך

איל *

2X NM. II

IS 57,05 הנחמים באלים
IS 61,03 וקרא להם אילי הצדק

אין * 17X NM.

IS 57,01 ואין איש שם על לב
IS 57,01 באין מבין
IS 57,21 אין שלום אמר אלהי לרשעים
IS 59,04 אין קרא בצדק
IS 59,04 ואין נשפט באמונה
IS 59,08 ואין משפט במעגלותם
IS 59,10 וכאין עינים נגששה
IS 59,11 נקוה למשפט ואין
IS 59,15 כי אין משפט
IS 59,16 וירא כי אין איש
IS 59,16 וישתומם כי אין מפגיע
IS 60,15 ושנואה ואין עובר
IS 63,03 ומעמים אין איש אתי
IS 63,05 ואביט ואין עזר
IS 63,05 ואשתומם ואין סומך
IS 64,06 ואין קורא בשמך
IS 66,04 יען קראתי ואין עונה

איש * 8X NM.

IS 56,11 איש לבצעו מקצהו
IS 57,01 ואין איש שם על לב
IS 57,01 ואנשי חסד נאספים
IS 59,16 וירא כי אין איש
IS 63,03 ומעמים אין איש אתי
IS 66,03 שוחט השור מכה איש
IS 66,13 כאיש אשר אמו תנחמנו
IS 66,24 וראו בפגרי האנשים

אך * 1X

IS 63,08 ויאמר אך עמי המה

אכל * 11X VB.

IS 56,09 אתיו לאכל
IS 58,14 והאכלתיך נחלת יעקב אביך
IS 59,05 האכל מביציהם ימות
IS 61,06 חיל גוים תאכלו
IS 62,09 כי מאספיו יאכלהו
IS 65,04 האכלים בשר החזיר
IS 65,13 הנה עבדי יאכלו
IS 65,21 ונטעו כרמים ואכלו פרים
IS 65,22 לא יטעו ואחר יאכל
IS 65,25 ואריה כבקר יאכל תבן
IS 66,17 אכלי בשר החזיר

אכר * 1X NM.

IS 61,05 ובני נכר אכריכם וכרמיכם

אל * 18X

IS 56,03 הנלוה אל יהוה לאמר
IS 56,07 והביאותים אל הר קדשי
IS 60,08 וכיונים אל ארבתיהם
IS 60,11 להביא אליך חיל גוים
IS 60,13 כבוד הלבנון אליך יבוא

IS 60,14 והלכו אליך שחוח בני מעניך
IS 62,11 אל קצה הארץ
IS 63,15 ורחמיך אלי התאפקו
IS 65,01 אל גוי לא קרא בשמי
IS 65,02 אל עם סורר
IS 65,05 האמרים קרב אליך
IS 65,07 על חיקם
IS 66,02 ואל זה אביט אל עני
IS 66,02 ואל זה אביט אל עני
IS 66,05 החרדים אל דברו
IS 66,12 הנני נטה אליה כנהר שלום
IS 66,17 המתקדשים והמטהרים אל הגנות
IS 66,19 ושלחתי מהם פליטים אל הגוים

אל *

I 9X
IS 56,03 ואל יאמר בן הנכר
IS 56,03 ואל יאמר הסריס
IS 58,01 קרא בגרון אל תחשך
IS 62,06 אל דמי לכם
IS 62,07 ואל תתנו דמי לו
IS 64,08 אל תקצף יהוה עד מאד
IS 64,08 ואל לעד תזכר עון
IS 65,05 אל תגש בי כי קדשתיך
IS 65,08 ואמר אל תשחיתהו

אלה *

7X
IS 57,06 העל אלה אנחם
IS 60,08 מי אלה כעב תעופינה
IS 64,11 העל אלה תתאפק יהוה
IS 65,05 אלה עשן באפי
IS 66,02 ואת כל אלה ידי עשתה
IS 66,02 ויהיו כל אלה
IS 66,08 מי ראה כאלה

אלהים *

16X NM.
IS 57,21 אין שלום אמר אלהי לרשעים
IS 58,02 ומשפט אלהיו לא עזב
IS 58,02 קרבת אלהים יחפצון
IS 59,02 בינכם לבין אלהיכם
IS 59,13 ונסוג מאחר אלהינו
IS 60,09 לשם יהוה אלהיך
IS 60,19 ואלהיך לתפארתך
IS 61,02 ויום נקם לאלהינו
IS 61,06 משרתי אלהינו יאמר לכם
IS 61,10 תגל נפשי באלהי
IS 62,03 וצנוף מלוכה בכף אלהיך
IS 62,05 ישיש עליך אלהיך
IS 64,03 עין לא ראתה אלהים זולתך
IS 65,16 יתברך באלהי אמן
IS 65,16 ישבע באלהי אמן
IS 66,09 אמר אלהיך

אלם *
1X NM.
IS 56,10 כלם כלבים <u>אלמים</u>

אלף *
1X NM. II
IS 60,22 הקטן יהיה <u>לאלף</u>

אם *
9X
IS 58,09 <u>אם</u> תסיר מתוכך מוטה
IS 58,13 <u>אם</u> תשיב משבת רגלך
IS 59,02 כי <u>אם</u> עונתיכם היו מבדלים
IS 62,08 <u>אם</u> אתן את דגנך עוד
IS 62,08 <u>ואם</u> ישתו בני נכר תירושך
IS 65,06 לא אחשה כי <u>אם</u> שלמתי
IS 65,18 כי <u>אם</u> שישו וגילו עדי עד
IS 66,08 <u>אם</u> יולד גוי פעם אחת
IS 66,09 <u>אם</u> אני המוליד ועצרתי

אם *
1X NM.
IS 66,13 כאיש אשר <u>אמו</u> תנחמנו

אמונה *
1X NM.
IS 59,04 ואין נשפט <u>באמונה</u>

אמן *
2X
IS 65,16 יתברך באלהי <u>אמן</u>
IS 65,16 ישבע באלהי <u>אמן</u>

אמן *
1X VB.
IS 60,04 ובנתיך על צד <u>תאמנה</u>

אמר *
33X VB.
IS 56,01 כה <u>אמר</u> יהוה
IS 56,03 ואל <u>יאמר</u> בן הנכר
IS 56,03 הנלוה אל יהוה <u>לאמר</u>
IS 56,03 ואל <u>יאמר</u> הסריס
IS 56,04 כי כה <u>אמר</u> יהוה
IS 57,10 לא <u>אמרת</u> נואש
IS 57,14 <u>ואמר</u>
IS 57,15 כי כה <u>אמר</u> רם ונשא
IS 57,19 <u>אמר</u> יהוה
IS 57,21 אין שלום <u>אמר</u> אלהי .לרשעים
IS 58,09 תשוע <u>ויאמר</u> הנני
IS 59,21 <u>אמר</u> יהוה
IS 59,21 <u>אמר</u> יהוה
IS 61,06 משרתי אלהינו <u>יאמר</u> לכם
IS 62,04 לא <u>יאמר</u> לך עוד עזובה
IS 62,04 ולארצך לא <u>יאמר</u> עוד שממה
IS 62,11 <u>אמרו</u> לבת ציון
IS 63,08 <u>ויאמר</u> אך עמי המה
IS 65,01 <u>אמרתי</u> הנני הנני
IS 65,05 <u>האמרים</u> קרב אליך
IS 65,07 <u>אמר</u> יהוה
IS 65,08 כה <u>אמר</u> יהוה
IS 65,08 <u>ואמר</u> אל תשחיתהו

IS 65,13 לכן כה אמר אדני יהוה
IS 65,25 אמר יהוה
IS 66,01 כה אמר יהוה
IS 66,05 אמרו אחיכם שנאיכם
IS 66,09 יאמר יהוה
IS 66,09 אמר אלהיך
IS 66,12 כי כה אמר יהוה
IS 66,20 אמר יהוה
IS 66,21 אמר יהוה
IS 66,23 אמר יהוה

אמר * 1X VB. I

IS 61,06 ובכבודם תתימרו

אמת * 3X NM.

IS 59,14 כי כשלה ברחוב אמת
IS 59,15 ותהי האמת נעדרת
IS 61,08 ונתתי פעלתם באמת

אנוש * 1X NM.

IS 56,02 אשרי אנוש יעשה זאת

אנחנו * 1X

IS 64,07 אנחנו החמר ואתה יצרנו

אני * 16X

IS 56,03 הן אני עץ יבש
IS 57,11 הלא אני מחשה ומעלם
IS 57,12 אני אגיד צדקתך
IS 57,16 ונשמות אני עשיתי
IS 59,21 ואני זאת בריתי אותם
IS 60,16 וידעת כי אני יהוה מושיעך
IS 60,22 אני יהוה בעתה אחישנה
IS 61,08 כי אני יהוה אהב משפט
IS 63,01 אני מדבר בצדקה
IS 65,18 אשר אני בורא
IS 65,24 והיה טרם יקראו ואני אענה
IS 65,24 עוד הם מדברים ואני אשמע
IS 66,04 גם אני אבחר בתעלליהם
IS 66,09 האני אשביר ולא אוליד
IS 66,09 אם אני המוליד ועצרתי
IS 66,22 והארץ החדשה אשר אני עשה

אניה * 1X NM.

IS 60,09 ואניות תרשיש בראשנה

אנכי * 2X

IS 66,13 כן אנכי אנחמכם
IS 66,18 ואנכי מעשיהם ומחשבתיהם

אסף *
5X VB.
IS 57,01 ואנשי חסד נאספים
IS 57,01 כי מפני הרעה נאסף הצדיק
IS 58,08 כבוד יהוה יאספך
IS 60,20 וירחך לא יאסף
IS 62,09 כי מאספיו יאכלהו

אסר *
1X VB.
IS 61,01 ולאסורים פקח קוח

אף *
4X NM.
IS 63,03 ואדרכם באפי
IS 63,06 ואבוס עמים באפי
IS 65,05 אלה עשן באפי
IS 66,15 להשיב בחמה אפו

אפלה *
2X NM.
IS 58,10 ואפלתך כצהרים
IS 59,09 לנגהות באפלות נהלך

אפעה *
1X NM.
IS 59,05 והזורה תבקע אפעה

אפק *
2X VB.
IS 63,15 ורחמיך אלי התאפקו
IS 64,11 העל אלה תתאפק יהוה

אפר *
2X NM.
IS 58,05 ושק ואפר יציע
IS 61,03 לתת להם פאר תחת אפר

אצבע *
2X NM.
IS 58,09 שלח אצבע ודבר און
IS 59,03 ואצבעותיכם בעון

ארבה *
1X NM. I
IS 60,08 וכיונים אל ארבתיהם

ארג *
1X VB.
IS 59,05 וקורי עכביש יארגו

ארוכה *
1X NM.
IS 58,08 וארכתך מהרה תצמח

אריה *
1X NM.
IS 65,25 ואריה כבקר יאכל תבן

ארך *
1X VB.
IS 57,04 תאריכו לשון

ארץ *
19X NM.
IS 57,13 והחוסה בי ינחל ארץ
IS 58,14 והרכבתיך על במותי ארץ
IS 60,02 כי הנה החשך יכסה ארץ

IS 60,18 לא ישמע עוד חמס בארצך
IS 60,21 לעולם יירשו ארץ
IS 61,07 לכן בארצם משנה יירשו
IS 61,11 כי כארץ תוציא צמחה
IS 62,04 ולארצך לא יאמר עוד שממה
IS 62,04 ולארצך בעולה
IS 62,04 וארצך תבעל
IS 62,07 תהלה בארץ
IS 62,11 אל קצה הארץ
IS 63,06 ואוריד לארץ נצחם
IS 65,16 אשר המתברך בארץ
IS 65,16 והנשבע בארץ
IS 65,17 וארץ חדשה
IS 66,01 והארץ הדם רגלי
IS 66,08 היוחל ארץ ביום אחד
IS 66,22 והארץ החדשה אשר אני עשה

* אש *
8X NM.
IS 64,01 כקדח אש המסים
IS 64,01 מים תבעה אש
IS 64,10 היה לשרפת אש
IS 65,05 אש יקדת כל היום
IS 66,15 כי הנה יהוה באש יבוא
IS 66,15 וגערתו בלהבי אש
IS 66,16 כי באש יהוה נשפט
IS 66,24 ואשם לא תכבה

* אשכול *
1X NM.
IS 65,08 כאשר ימצא התירוש באשכול

* אשמנים *
1X NM.
IS 59,10 באשמנים כמתים

* אשר *
27X
IS 56,04 לסריסים אשר ישמרו את שבתותי
IS 56,04 ובחרו באשר חפצתי
IS 56,05 אשר לא יכרת
IS 58,02 כגוי אשר צדקה עשה
IS 58,11 אשר לא יכזבו מימיו
IS 59,21 רוחי אשר עליך
IS 59,21 ודברי אשר שמתי בפיך
IS 60,12 כי הגוי והממלכה אשר לא יעבדוך יאבדו
IS 62,02 אשר פי יהוה יקבנו
IS 62,08 אשר יגעת בו
IS 63,07 כעל כל אשר גמלנו יהוה
IS 63,07 אשר גמלם ברחמיו
IS 64,10 אשר הללוך אבתינו
IS 65,07 אשר קטרו על ההרים
IS 65,08 כאשר ימצא התירוש באשכול
IS 65,10 לעמי אשר דרשוני
IS 65,12 ובאשר לא חפצתי בחרתם
IS 65,16 אשר המתברך בארץ
IS 65,18 אשר אני בורא

IS 65,20 וזקן אשר לא ימלא את ימיו
IS 66,01 אי זה בית אשר תבנו לי
IS 66,04 ובאשר לא חפצתי בחרו
IS 66,13 כאיש אשר אמו תנחמנו
IS 66,19 אשר לא שמעו את שמעי
IS 66,20 כאשר יביאו בני ישראל את המנחה
IS 66,22 כי כאשר השמים החדשים
IS 66,22 והארץ החדשה אשר אני עשה

1X NM. אשרי *

IS 56,02 אשרי אנוש יעשה זאת

46X את *

IS 56,04 לסריסים אשר ישמרו את שבתותי
IS 56,06 לשרתו ולאהבה את שם יהוה
IS 57,08 כי מאתי גלית ותעלי
IS 57,11 ואת מי דאגת ותיראי
IS 57,11 ואותי לא זכרת
IS 57,11 ואותי לא תיראי
IS 57,12 ואת מעשיך
IS 57,13 ואת כלם ישא רוח
IS 57,15 ואת דכא ושפל רוח
IS 58,02 ואותי יום יום ידרשון
IS 59,12 כי פשעינו אתנו
IS 59,19 וייראו ממערב את שם יהוה
IS 59,19 וממזרח שמש את כבודו
IS 59,21 ואני זאת בריתי אותם
IS 60,09 כספם וזהבם אתם
IS 61,01 יען משח יהוה אתי
IS 62,06 המזכרים את יהוה
IS 62,07 ועד ישים את ירושלם
IS 62,08 אם אתן את דגנך עוד
IS 62,09 והללו את יהוה
IS 62,11 הנה שכרו אתו
IS 63,03 ומעמים אין איש אתי
IS 63,10 את רוח קדשו
IS 63,11 את רעי צאנו
IS 63,11 את רוח קדשו
IS 64,04 פגעת את שש ועשה צדק
IS 65,03 העם המכעיסים אותי
IS 65,11 השכחים את הר קדשי
IS 65,12 ומניתי אתכם לחרב
IS 65,18 כי הנני בורא את ירושלם גילה
IS 65,20 וזקן אשר לא ימלא את ימיו
IS 65,23 וצאצאיהם אתם
IS 66,02 ואת כל אלה ידי עשתה
IS 66,08 ציון את בניה
IS 66,10 שמחו את ירושלם וגילו בה
IS 66,10 שישו אתה משוש
IS 66,14 ונודעה יד יהוה את עבדיו
IS 66,14 וזעם את איביו
IS 66,16 ובחרבו את כל בשר
IS 66,18 באה לקבץ את כל הגוים והלשנות

IS 66,18 ובאו וראו את כבודי
IS 66,19 אשר לא שמעו את שמעי
IS 66,20 ולא ראו את כבודי
IS 66,19 והגידו את כבודי בגוים
IS 66,20 והביאו את כל אחיכם
IS 66,20 כאשר יביאו בני ישראל את המנחה

אתה * 5X
IS 63,16 כי אתה אבינו
IS 63,16 אתה יהוה אבינו
IS 64,04 הן אתה קצפת ונחטא
IS 64,07 ועתה יהוה אבינו אתה
IS 64,07 אנחנו החמר ואתה יצרנו

אתה * 2X VB.
IS 56,09 אתיו לאכל
IS 56,12 אתיו אקחה יין

אתם * 8X
IS 57,03 ואתם קרבו הנה
IS 57,04 הלוא אתם ילדי פשע
IS 61,06 ואתם כהני יהוה תקראו
IS 65,11 ואתם עזבי יהוה
IS 65,13 ואתם תרעבו
IS 65,13 ואתם תצמאו
IS 65,13 ואתם תבשו
IS 65,14 ואתם תצעקו מכאב לב

ב * 140X
IS 56,02 ובן אדם יחזיק בה
IS 56,04 ובחרו באשר חפצתי
IS 56,04 ומחזיקים בבריתי
IS 56,05 ונתתי להם בביתי ובחומתי יד ושם
IS 56,05 ונתתי להם בביתי ובחומתי יד ושם
IS 56,06 ומחזיקים בבריתי
IS 56,07 ושמחתים בבית תפלתי
IS 56,09 כל חיתו ביער
IS 57,01 באין מבין
IS 57,05 הנחמים באלים
IS 57,05 שחטי הילדים בנחלים
IS 57,06 בחלקי נחל חלקך
IS 57,09 ותשרי למלך בשמן
IS 57,10 ברב דרכך יגעת
IS 57,13 בזעקך יצילך קבוציך
IS 57,13 והחוסה בי ינחל ארץ
IS 57,17 בעון בצעו קצפתי
IS 57,17 וילך שובב בדרך לבו
IS 58,01 קרא בגרון אל תחשך
IS 58,03 הן ביום צמכם תמצאו חפץ
IS 58,04 ולהכות באגרף רשע
IS 58,04 להשמיע במרום קולכם
IS 58,10 וזרח בחשך אורך
IS 58,11 והשביע בצחצחות נפשך

IS 58,13 עשות חפציך ביום קדשי
IS 59,03 כי כפיכם נגאלו בדם
IS 59,03 ואצבעותיכם בעון
IS 59,04 אין קרא בצדק
IS 59,04 ואין נשפט באמונה
IS 59,06 ולא יתכסו במעשיהם
IS 59,06 ופעל חמס בכפיהם
IS 59,07 שד ושבר במסלותם
IS 59,08 ואין משפט במעגלותם
IS 59,08 כל דרך בה לא ידע שלום
IS 59,09 לנגהות באפלות נהלך
IS 59,10 כשלנו בצהרים כנשף
IS 59,10 באשמנים כמתים
IS 59,12 וחטאותינו ענתה בנו
IS 59,13 פשע וכחש ביהוה
IS 59,14 כי כשלה ברחוב אמת
IS 59,15 וירא יהוה וירע בעיניו
IS 59,17 וכובע ישועה בראשו
IS 59,19 רוח יהוה נססה בו
IS 59,20 ולשבי פשע ביעקב
IS 59,21 ודברי אשר שמתי בפיך
IS 60,09 ואניות תרשיש בראשנה
IS 60,10 כי בקצפי הכיתיך
IS 60,10 וברצוני רחמתיך
IS 60,18 לא ישמע עוד חמס בארצך
IS 60,18 שד ושבר בגבוליך
IS 60,22 אני יהוה בעתה אחישנה
IS 61,06 ובכבודם תתימרו
IS 61,07 לכן בארצם משנה יירשו
IS 61,08 שנא גזל בעולה
IS 61,08 ונתתי פעלתם באמת
IS 61,09 ונודע בגוים זרעם
IS 61,09 וצאצאיהם בתוך העמים
IS 61,10 שוש אשיש ביהוה
IS 61,10 תגל נפשי באלהי
IS 62,03 והיית עטרת תפארת ביד יהוה
IS 62,03 וצנוף מלוכה בכף אלהיך
IS 62,04 כי לך יקרא חפצי בה
IS 62,04 כי חפץ יהוה בך
IS 62,07 תהלה בארץ
IS 62,08 נשבע יהוה בימינו
IS 62,08 ובזרוע עזו
IS 62,08 אשר יגעת בו
IS 62,09 בחצרות קדשי
IS 62,10 עברו עברו בשערים
IS 63,01 זה הדור בלבושו
IS 63,01 צעה ברב כחו
IS 63,01 אני מדבר בצדקה
IS 63,02 ובגדיך כדרך בגת
IS 63,03 ואדרכם באפי
IS 63,03 וארמסם בחמתי
IS 63,04 כי יום נקם בלבי
IS 63,06 ואבוס עמים באפי

IS 63,06 ואשכרם בחמתי
IS 63,09 בכל צרתם
IS 63,09 באהבתו ובחמלתו
IS 63,09 באהבתו ובחמלתו
IS 63,10 הוא נלחם בם
IS 63,11 איה השם בקרבו
IS 63,13 מוליכם בתהמות
IS 63,13 כסוס במדבר
IS 63,14 כבהמה בבקעה תרד
IS 63,19 היינו מעולם לא משלת בם
IS 64,02 בעשותך נוראות לא נקוה
IS 64,04 בדרכיך יזכרוך
IS 64,04 בהם עולם ונושע
IS 64,06 ואין קורא בשמך
IS 64,06 מתעורר להחזיק בך
IS 64,06 ותמוגנו ביד עוננו
IS 65,01 אל גוי לא קרא בשמי
IS 65,03 זבחים בגנות
IS 65,04 הישבים בקברים
IS 65,04 ובנצורים ילינו
IS 65,05 אל תגש בי כי קדשתיך
IS 65,05 אלה עשן באפי
IS 65,08 כאשר ימצא התירוש באשכול
IS 65,08 כי ברכה בו
IS 65,12 ותעשו הרע בעיני
IS 65,12 ובאשר לא חפצתי בחרתם
IS 65,16 אשר המתברך בארץ
IS 65,16 יתברך באלהי אמן
IS 65,16 והנשבע בארץ
IS 65,16 ישבע באלהי אמן
IS 65,19 וגלתי בירושלם
IS 65,19 וששתי בעמי
IS 65,19 ולא ישמע בה עוד קול בכי
IS 65,25 בכל הר קדשי
IS 66,03 גם המה בחרו בדרכיהם
IS 66,03 ובשקוציהם נפשם חפצה
IS 66,04 גם אני אבחר בתעלליהם
IS 66,04 ויעשו הרע בעיני
IS 66,04 ובאשר לא חפצתי בחרו
IS 66,05 ונראה בשמחתכם
IS 66,07 בטרם תחיל ילדה
IS 66,07 בטרם יבוא חבל לה
IS 66,08 היוחל ארץ ביום אחד
IS 66,10 שמחו את ירושלם וגילו בה
IS 66,13 ובירושלם תנחמו
IS 66,15 כי הנה יהוה באש יבוא
IS 66,15 להשיב בחמה אפו
IS 66,15 וגערתו בלהבי אש
IS 66,16 כי באש יהוה נשפט
IS 66,16 ובחרבו את כל בשר
IS 66,17 אחר אחד בתוך
IS 66,19 ושמתי בהם אות
IS 66,19 והגידו את כבודי בגוים

IS 66,20 בסוסים וברכב ובצבים
IS 66,20 בסוסים וברכב ובצבים
IS 66,20 בסוסים וברכב ובצבים
IS 66,20 ובפודים ובכרכרות
IS 66,20 ובפודים ובכרכרות
IS 66,20 בכלי טהור בית יהוה
IS 66,23 והיה מדי חדש בחדשו
IS 66,23 ומדי שבת בשבתו
IS 66,24 וראו בפגרי האנשים
IS 66,24 הפשעים בי

בגד * 7X NM.
IS 59,06 קוריהם לא יהיו לבגד
IS 59,17 וילבש בגדי נקם תלבשת
IS 61,10 כי הלבישני בגדי ישע
IS 63,01 חמוץ בגדים מבצרה
IS 63,02 ובגדיך כדרך בגת
IS 63,03 ויז נצחם על בגדי
IS 64,05 וכבגד עדים כל צדקתינו

בד * 1X NM.
IS 63,03 פורה דרכתי לבדי

בדל * 3X VB.
IS 56,03 הבדל יבדילני יהוה מעל עמו
IS 56,03 הבדל יבדילני יהוה מעל עמו
IS 59,02 כי אם עונתיכם היו מבדלים

בהלה * 1X NM.
IS 65,23 ולא ילדו לבהלה

בהמה * 1X NM.
IS 63,14 כבהמה בבקעה תרד

בוא * 29X VB.
IS 56,01 כי קרובה ישועתי לבוא
IS 56,07 והביאותים אל הר קדשי
IS 57,02 יבוא שלום
IS 58,07 ועניים מרודים תביא בית
IS 59,14 ונכחה לא תוכל לבוא
IS 59,19 כי יבוא כנהר צר
IS 59,20 ובא לציון גואל
IS 60,01 קומי אורי כי בא אורך
IS 60,04 כלם נקבצו באו לך
IS 60,04 בניך מרחוק יבאו
IS 60,05 חיל גוים יבאו לך
IS 60,06 כלם משבא יבאו
IS 60,09 להביא בניך מרחוק
IS 60,11 להביא אליך חיל גוים
IS 60,13 כבוד הלבנון אליך יבוא
IS 60,17 תחת הנחשת אביא זהב
IS 60,17 ותחת הברזל אביא כסף
IS 60,20 לא יבוא עוד שמשך

IS 62,11 הנה ישעך בא
IS 63,01 מי זה בא מאדום
IS 63,04 ושנת גאולי באה
IS 66,04 ומגורתם אביא להם
IS 66,07 בטרם יבוא חבל לה
IS 66,15 כי הנה יהוה באש יבוא
IS 66,18 באה לקבץ את כל הגוים והלשנות
IS 66,18 ובאו וראו את כבודי
IS 66,20 והביאו את כל אחיכם
IS 66,20 כאשר יביאו בני ישראל את המנחה
IS 66,23 יבוא כל בשר

בוס * 2X VB.
IS 63,06 ואבוס עמים באפי
IS 63,18 צרינו בוססו מקדשך

בוש * 2X VB.
IS 65,13 ואתם תבשו
IS 66,05 והם יבשו

בחור * 1X NM.
IS 62,05 כי יבעל בחור בתולה

בחיר * 3X NM.
IS 65,09 וירשוה בחירי
IS 65,15 והנחתם שמכם לשבועה לבחירי
IS 65,22 ומעשה ידיהם יבלו בחירי

בחר * 7X VB.
IS 56,04 ובחרו באשר חפצתי
IS 58,05 הכזה יהיה צום אבחרהו
IS 58,06 הלוא זה צום אבחרהו
IS 65,12 ובאשר לא חפצתי בחרתם
IS 66,03 גם המה בחרו בדרכיהם
IS 66,04 גם אני אבחר בתעלליהם
IS 66,04 ובאשר לא חפצתי בחרו

בטח * 1X VB.
IS 59,04 בטוח על תהו ודבר שוא

בין * 2X VB.
IS 56,11 לא ידעו הבין
IS 57,01 באין מבין

בין * 2X NM.
IS 59,02 בינכם לבין אלהיכם
IS 59,02 בינכם לבין אלהיכם

ביצה * 2X NM.
IS 59,05 ביצי צפעוני בקעו
IS 59,05 האכל מביציהם ימות

בית *

12X NM.

IS 56,05 ונתתי להם בביתי ובחומתי יד ושם
IS 56,07 ושמחתים בבית תפלתי
IS 56,07 כי ביתי בית תפלה יקרא לכל העמים
IS 56,07 כי ביתי בית תפלה יקרא לכל העמים
IS 58,01 ולבית יעקב חטאתם
IS 58,07 ועניים מרודים תביא בית
IS 60,07 ובית תפארתי אפאר
IS 63,07 ורב טוב לבית ישראל
IS 64,10 בית קדשנו ותפארתנו
IS 65,21 ובנו בתים וישבו
IS 66,01 אי זה בית אשר תבנו לי
IS 66,20 בכלי טהור בית יהוה

בכי *

1X NM.

IS 65,19 ולא ישמע בה עוד קול בכי

בכר *

1X NM. I

IS 60,06 בכרי מדין ועיפה

בלה *

1X VB.

IS 65,22 ומעשה ידיהם יבלו בחירי

בלל *

1X VB.

IS 64,05 ונבל כעלה כלנו

בלתי *

1X NM.

IS 65,08 לבלתי השחית הכל

במה *

1X NM.

IS 58,14 והרכבתיך על במותי ארץ

בן *

17X NM.

IS 56,02 ובן אדם יחזיק בה
IS 56,03 ואל יאמר בן הנכר
IS 56,05 טוב מבנים ומבנות
IS 56,06 ובני הנכר הנלוים על יהוה
IS 57,03 בני עננה
IS 60,04 בניך מרחוק יבאו
IS 60,09 להביא בניך מרחוק
IS 60,10 ובנו בני נכר חמתיך
IS 60,14 והלכו אליך שחוח בני מעניך
IS 61,05 ובני נכר אכריכם וכרמיכם
IS 62,05 יבעלוך בניך
IS 62,08 ואם ישתו בני נכר תירושך
IS 63,08 בנים לא ישקרו
IS 65,20 כי הנער בן מאה שנה ימות
IS 65,20 והחוטא בן מאה שנה יקלל
IS 66,08 ציון את בניה
IS 66,20 כאשר יביאו בני ישראל את המנחה

בנה *

6X VB.

IS 58,12	ו_בנו_ ממך חרבות עולם
IS 60,10	ו_בנו_ בני נכר חמתיך
IS 61,04	ו_בנו_ חרבות עולם
IS 65,21	ו_בנו_ בתים וישבו
IS 65,22	לא _יבנו_ ואחר ישב
IS 66,01	אי זה בית אשר _תבנו_ לי

בעה *

1X VB.

IS 64,01	מים _תבעה_ אש

בעל *

4X VB.

IS 62,04	ולארצך _בעולה_
IS 62,04	וארצך _תבעל_
IS 62,05	כי _יבעל_ בחור בתולה
IS 62,05	_יבעלוך_ בניך

בער *

1X VB.

IS 62,01	וישועתה כלפיד _יבער_

בצע *

2X NM.

IS 56,11	איש ל_בצעו_ מקצהו
IS 57,17	בעון _בצעו_ קצפתי

בצרה *

1X NP.

IS 63,01	חמוץ בגדים מ_בצרה_

בקע *

4X VB.

IS 58,08	אז _יבקע_ כשחר אורך
IS 59,05	ביצי צפעוני _בקעו_
IS 59,05	והזורה _תבקע_ אפעה
IS 63,12	_בוקע_ מים מפניהם

בקעה *

1X NM.

IS 63,14	כבהמה ב_בקעה_ תרד

בקר *

2X NM.

IS 65,10	ועמק עכור לרבץ _בקר_
IS 65,25	ואריה כ_בקר_ יאכל תבן

בקש *

1X VB.

IS 65,01	נמצאתי ללא _בקשני_

ברא *

4X VB.

IS 57,19	_בורא_ נוב שפתים
IS 65,17	כי הנני _בורא_ שמים חדשים
IS 65,18	אשר אני _בורא_
IS 65,18	כי הנני _בורא_ את ירושלם גילה

ברוש *

1X NM.

IS 60,13	_ברוש_ תדהר ותאשור יחדו

ברזל *

2X NM.

IS 60,17 ותחת הברזל אביא כסף
IS 60,17 ותחת האבנים ברזל

ברית *

4X NM.

IS 56,04 ומחזיקים בבריתי
IS 56,06 ומחזיקים בבריתי
IS 59,21 ואני זאת בריתי אותם
IS 61,08 וברית עולם אכרות להם

ברך *

5X VB.

IS 61,09 כי הם זרע ברך יהוה
IS 65,16 אשר המתברך בארץ
IS 65,16 יתברך באלהי אמן
IS 65,23 כי זרע ברוכי יהוה המה
IS 66,03 מזכיר לבנה מברך און

ברך *

1X NM.

IS 66,12 ועל ברכים תשעשעו

ברכה *

1X NM.

IS 65,08 כי ברכה בו

בשר *

2X VB.

IS 60,06 ותהלת יהוה יבשרו
IS 61,01 לבשר ענוים שלחני

בשר *

6X NM.

IS 58,07 ומבשרך לא תתעלם
IS 65,04 האכלים בשר החזיר
IS 66,16 ובחרבו את כל בשר
IS 66,17 אכלי בשר החזיר
IS 66,23 יבוא כל בשר
IS 66,24 והיו דראון לכל בשר

בשת *

1X NM.

IS 61,07 תחת בשתכם משנה

בת *

3X NM.

IS 56,05 טוב מבנים ומבנות
IS 60,04 ובנתיך על צד תאמנה
IS 62,11 אמרו לבת ציון

בתולה *

1X NM.

IS 62,05 כי יבעל בחור בתולה

גאולים *

1X NM.

IS 63,04 ושנת גאולי באה

גאון *

1X NM.

IS 60,15 ושמתיך לגאון עולם

גאל *

5X VB.
IS 59,20 ובא לציון גואל
IS 60,16 וגאלך אביר יעקב
IS 62,12 גאולי יהוה
IS 63,09 הוא גאלם
IS 63,16 גאלנו מעולם שמך

גאל *

2X VB. I
IS 59,03 כי כפיכם נגאלו בדם
IS 63,03 וכל מלבושי אגאלתי

גבה *

1X NM.
IS 57,07 על הר גבה ונשא

גבול *

1X NM.
IS 60,18 שד ושבר בגבוליך

גבורה *

1X NM.
IS 63,15 איה קנאתך וגבורתך

גבעה *

1X NM.
IS 65,07 ועל הגבעות חרפוני

גד *

1X NP. I
IS 65,11 הערכים לגד שלחן

גדול *

1X NM.
IS 56,12 גדול יתר מאד

גדר *

1X VB.
IS 58,12 וקרא לך גדר פרץ

גוי *

20X NM.
IS 58,02 כגוי אשר צדקה עשה
IS 60,03 והלכו גוים לאורך
IS 60,05 חיל גוים יבאו לך
IS 60,11 להביא אליך חיל גוים
IS 60,12 כי הגוי והממלכה אשר לא יעבדוך יאבדו
IS 60,12 והגוים חרב יחרבו
IS 60,16 וינקת חלב גוים
IS 60,22 והצעיר לגוי עצום
IS 61,06 חיל גוים תאכלו
IS 61,09 ונודע בגוים זרעם
IS 61,11 ותהלה נגד כל הגוים
IS 62,02 וראו גוים צדקך
IS 64,01 מפניך גוים ירגזו
IS 65,01 אל גוי לא קרא בשמי
IS 66,08 אם יולד גוי פעם אחת
IS 66,12 וכנחל שוטף כבוד גוים
IS 66,18 באה לקבץ את כל הגוים והלשנות
IS 66,19 ושלחתי מהם פליטים אל הגוים
IS 66,19 והגידו את כבודי בגוים
IS 66,20 מכל הגוים מנחה ליהוה

גורל *

1X NM.

IS 57,06 הם הם גורלך

גזל *

1X NM.

IS 61,08 שנא גזל בעולה

גיל *

4X VB.

IS 61,10 תגל נפשי באלהי
IS 65,18 כי אם שישו וגילו עדי עד
IS 65,19 וגלתי בירושלם
IS 66,10 שמחו את ירושלם וגילו בה

גילה *

1X NM.

IS 65,18 כי הנני בורא את ירושלם גילה

גלה *

2X VB.

IS 56,01 וצדקתי להגלות
IS 57,08 כי מאתי גלית ותעלי

גם *

6X

IS 57,06 גם להם שפכת נסך
IS 57,07 גם שם עלית
IS 66,03 גם המה בחרו בדרכיהם
IS 66,04 גם אני אבחר בתעלליהם
IS 66,08 כי חלה גם ילדה
IS 66,21 וגם מהם אקח לכהנים ללוים

גמול *

3X NM.

IS 59,18 חמה לצריו גמול לאיביו
IS 59,18 לאיים גמול ישלם
IS 66,06 גמול לאיביו

גמולה *

1X NM.

IS 59,18 כעל גמלות כעל ישלם

גמל *

2X VB.

IS 63,07 כעל כל אשר גמלנו יהוה
IS 63,07 אשר גמלם כרחמיו

גמל *

1X NM.

IS 60,06 שפעת גמלים תכסך

גן *

1X NM.

IS 58,11 והיית כגן רוה

גנה *

3X NM.

IS 61,11 וכגנה זרועיה תצמיח
IS 65,03 זבחים בגנות
IS 66,17 המתקדשים והמטהרים אל הגנות

גערה *

1X NM.

IS 66,15 וגערתו בלהבי אש

גרון *

1X NM.

IS 58,01 קרא בגרון אל תחשך

גרש *

2X VB.

IS 57,20 והרשעים כים נגרש

IS 57,20 ויגרשו מימיו רפש וטיט

גשש *

2X VB.

IS 59,10 נגששה כעורים קיר

IS 59,10 וכאין עינים נגששה

גת *

1X NM.

IS 63,02 ובגדיך כדרך בגת

דאג *

1X VB.

IS 57,11 ואת מי דאגת ותיראי

דב *

1X NM.

IS 59,11 נהמה כדבים כלנו

דבר *

10X VB.

IS 58,09 שלח אצבע ודבר און

IS 58,13 ממצוא חפצך ודבר דבר

IS 58,14 כי פי יהוה דבר

IS 59,03 שפתותיכם דברו שקר

IS 59,04 בטוח על תהו ודבר שוא

IS 59,13 דבר עשק וסרה

IS 63,01 אני מדבר בצדקה

IS 65,12 דברתי ולא שמעתם

IS 65,24 עוד הם מדברים ואני אשמע

IS 66,04 דברתי ולא שמעו

דבר *

6X NM.

IS 58,13 ממצוא חפצך ודבר דבר

IS 59,13 הרו והגו מלב דברי שקר

IS 59,21 ודברי אשר שמתי בפיך

IS 66,02 ונכה רוח וחוד על דברי

IS 66,05 שמעו דבר יהוה

IS 66,05 החודים אל דברו

דגן *

1X NM.

IS 62,08 אם אתן את דגנך עוד

דור *

6X NM.

IS 58,12 מוסדי דור ודור תקומם

IS 58,12 מוסדי דור ודור תקומם

IS 60,15 משוש דור ודור

IS 60,15 משוש דור ודור

IS 61,04 שממות דור ודור

IS 61,04 שממות דור ודור

דִי ✱ 2X NM.
IS 66,23 והיה מדי חדש בחדשו
IS 66,23 ומדי שבת בשבתו

דכא ✱ 1X VB.
IS 57,15 ולהחיות לב נדכאים

דכא ✱ 1X NM.
IS 57,15 ואת דכא ושפל רוח

דלת ✱ 1X NM.
IS 57,08 ואחר הדלת והמזוזה

דם ✱ 3X NM.
IS 59,03 כי כפיכם נגאלו בדם
IS 59,07 וימהרו לשפך דם נקי
IS 66,03 מעלה מנחה דם חזיר

דמי ✱ 2X NM.
IS 62,06 אל דמי לכם
IS 62,07 ואל תתנו דמי לו

דעת ✱ 1X NM.
IS 58,02 ודעת דרכי יחפצון

דראון ✱ 1X NM.
IS 66,24 והיו דראון לכל בשר

דרור ✱ 1X NM. I
IS 61,01 לקרא לשבוים דרור

דרך ✱ 4X VB.
IS 59,08 כל דרך בה לא ידע שלום
IS 63,02 ובגדיך כדרך בגת
IS 63,03 פורה דרכתי לבדי
IS 63,03 ואדרכם באפי

דרך ✱ 14X NM.
IS 56,11 כלם לדרכם פנו
IS 57,10 ברב דרכך יגעת
IS 57,14 סלו סלו פנו דרך
IS 57,14 הרימו מכשול מדרך עמי
IS 57,17 וילך שובב בדרך לבו
IS 57,18 דרכיו ראיתי
IS 58,02 ודעת דרכי יחפצון
IS 58,13 וכבדתו מעשות דרכיך
IS 59,08 דרך שלום לא ידעו
IS 62,10 פנו דרך העם
IS 63,17 למה תתענו יהוה מדרכיך
IS 64,04 בדרכיך יזכרוך
IS 65,02 ההלכים הדרך לא טוב
IS 66,03 גם המה בחרו בדרכיהם

דרש *

4X VB.

IS 58,02 ואותי יום יום ידרשון

IS 62,12 ולך יקרא דרושה

IS 65,01 נדרשתי ללוא שאלו

IS 65,10 לעמי אשר דרשוני

דשא *

1X NM.

IS 66,14 ועצמותיכם כדשא תפרחנה

ה *

184X

IS 56,03 ואל יאמר בן הנכר

IS 56,03 הנלוה אל יהוה לאמר

IS 56,03 ואל יאמר הסריס

IS 56,04 לסריסים אשר ישמרו את שבתותי

IS 56,06 ובני הנכר הנלוים על יהוה

IS 56,06 ובני הנכר הנלוים על יהוה

IS 56,07 כי ביתי בית תפלה יקרא לכל העמים

IS 56,09 כל חיתו ביער

IS 56,11 והכלבים עזי נפש

IS 57,01 הצדיק אבד

IS 57,01 כי מפני הרעה נאסף הצדיק

IS 57,01 כי מפני הרעה נאסף הצדיק

IS 57,05 הנחמים באלים

IS 57,05 הנחמים באלים

IS 57,05 שחטי הילדים בנחלים

IS 57,05 שחטי הילדים בנחלים

IS 57,05 תחת סעפי הסלעים

IS 57,08 ואחר הדלת והמזוזה

IS 57,08 ואחר הדלת והמזוזה

IS 57,09 ותשרי למלך בשמן

IS 57,09 ותשרי למלך בשמן

IS 57,13 והחוסה בי ינחל ארץ

IS 57,19 שלום שלום לרחוק ולקרוב

IS 57,19 שלום שלום לרחוק ולקרוב

IS 57,20 והרשעים כים נגרש

IS 57,20 והרשעים כים נגרש

IS 57,21 אין שלום אמר אלהי לרשעים

IS 58,01 בשופר הרם קולך

IS 58,04 לא תצומו כיום

IS 58,04 להשמיע במרום קולכם

IS 58,07 הלוא פרס לרעב לחמך

IS 58,08 אז יבקע כשחר אורך

IS 58,10 ותפק לרעב נפשך

IS 58,10 וזרח בחשך אורך

IS 58,10 ואפלתך כצהרים

IS 58,13 וקראת לשבת ענג

IS 59,03 כי כפיכם נגאלו בדם

IS 59,03 ואצבעותיכם בעון

IS 59,05 האכל מביציהם ימות

IS 59,05 והזורה תבקע אפעה

IS 59,07 רגליהם לרע ירצו

IS 59,09 נקוה לאור והנה חשך

IS 59,09 לנגהות באפלות נהלך

IS 59,10 נגששה כעורים קיר

IS 59,10 כשלנו בצהרים כנשף
IS 59,10 כשלנו בצהרים כנשף
IS 59,10 באשמנים כמתים
IS 59,10 באשמנים כמתים
IS 59,11 נהמה כדבים כלנו
IS 59,11 וכיונים הגה נהגה
IS 59,11 נקוה למשפט ואין
IS 59,14 כי כשלה ברחוב אמת
IS 59,15 ותהי האמת נעדרת
IS 59,17 וילבש צדקה כשרין
IS 59,17 ויעט כמעיל קנאה
IS 59,18 לאיים גמול ישלם
IS 59,19 כי יבוא כנהר צר
IS 60,02 כי הנה החשך יכסה ארץ
IS 60,08 מי אלה כעב תעופינה
IS 60,08 וכיונים אל ארבתיהם
IS 60,09 ואניות תרשיש בראשנה
IS 60,12 כי הגוי והממלכה אשר לא יעבדוך יאבדו
IS 60,12 כי הגוי והממלכה אשר לא יעבדוך יאבדו
IS 60,12 והגוים חרב יחרבו
IS 60,13 כבוד הלבנון אליך יבוא
IS 60,17 תחת הנחשת אביא זהב
IS 60,17 ותחת הברזל אביא כסף
IS 60,17 ותחת העצים נחשת
IS 60,17 ותחת האבנים ברזל
IS 60,19 לא יהיה לך עוד השמש לאור יומם
IS 60,19 ולנגה הירח לא יאיר לך
IS 60,22 הקטן יהיה לאלף
IS 60,22 והצעיר לגוי עצום
IS 61,03 וקרא להם אילי הצדק
IS 61,09 ונודע בגוים זרעם
IS 61,09 וצאצאיהם בתוך העמים
IS 61,10 כחתן יכהן פאר
IS 61,10 וככלה תעדה כליה
IS 61,11 כי כארץ תוציא צמחה
IS 61,11 ותהלה נגד כל הגוים
IS 62,01 עד יצא כנגה צדקה
IS 62,06 כל היום וכל הלילה
IS 62,06 כל היום וכל הלילה
IS 62,06 המזכרים את יהוה
IS 62,07 תהלה בארץ
IS 62,10 עברו עברו בשערים
IS 62,10 פנו דרך העם
IS 62,10 סלו סלו המסלה
IS 62,10 הרימו נס על העמים
IS 62,11 אל קצה הארץ
IS 62,12 וקראו להם עם הקדש
IS 63,06 ואוריד לארץ נצחם
IS 63,11 איה המעלם מים
IS 63,11 איה השם בקרבו
IS 63,13 מוליכם בתהמות
IS 63,13 כסוס במדבר
IS 63,13 כסוס במדבר

IS 63,14	כבהמה בבקעה תרד
IS 63,14	כבהמה בבקעה תרד
IS 63,18	למצער ירשו עם קדשך
IS 64,05	ונהי כטמא כלנו
IS 64,05	ונבל כעלה כלנו
IS 64,05	ועוננו כרוח ישאנו
IS 64,07	אנחנו החמר ואתה יצרנו
IS 65,02	פרשתי ידי כל היום
IS 65,02	ההלכים הדרך לא טוב
IS 65,02	ההלכים הדרך לא טוב
IS 65,03	העם המכעיסים אותי
IS 65,03	העם המכעיסים אותי
IS 65,03	זבחים בגנות
IS 65,03	ומקטרים על הלבנים
IS 65,04	הישבים בקברים
IS 65,04	הישבים בקברים
IS 65,04	ובנצורים ילינו
IS 65,04	האכלים בשר החזיר
IS 65,04	האכלים בשר החזיר
IS 65,05	האמרים קרב אליך
IS 65,05	אש יקדת כל היום
IS 65,07	אשר קטרו על ההרים
IS 65,07	ועל הגבעות חרפוני
IS 65,08	כאשר ימצא התירוש באשכול
IS 65,08	כאשר ימצא התירוש באשכול
IS 65,08	לבלתי השחית הכל
IS 65,10	והיה השרון לנוה צאן
IS 65,11	השכחים את הר קדשי
IS 65,11	הערכים לגד שלחן
IS 65,11	הערכים לגד שלחן
IS 65,11	והממלאים למני ממסך
IS 65,11	והממלאים למני ממסך
IS 65,12	ומניתי אתכם לחרב
IS 65,12	וכלכם לטבח תכרעו
IS 65,12	ותעשו הרע בעיני
IS 65,16	אשר המתברך בארץ
IS 65,16	אשר המתברך בארץ
IS 65,16	והנשבע בארץ
IS 65,16	והנשבע בארץ
IS 65,16	כי נשכחו הצרות הראשנות
IS 65,16	כי נשכחו הצרות הראשנות
IS 65,17	ולא תזכרנה הראשנות
IS 65,20	כי הנער בן מאה שנה ימות
IS 65,20	והחוטא בן מאה שנה יקלל
IS 65,22	כי כימי העץ ימי עמי
IS 65,23	ולא ילדו לבהלה
IS 65,25	ואריה כבקר יאכל תבן
IS 66,01	השמים כסאי
IS 66,01	והארץ הדם רגלי
IS 66,03	שוחט השור מכה איש
IS 66,03	זובח השה ערף כלב
IS 66,04	ויעשו הרע בעיני
IS 66,05	החרדים אל דברו

IS 66,09 אם אני המוליד ועצרתי
IS 66,10 כל המתאבלים עליה
IS 66,14 ועצמותיכם כדשא תפרחנה
IS 66,15 כי הנה יהוה באש יבוא
IS 66,15 ובסופה מרכבתיו
IS 66,16 כי באש יהוה נשפט
IS 66,17 המתקדשים והמטהרים אל הגנות
IS 66,17 המתקדשים והמטהרים אל הגנות
IS 66,17 המתקדשים והמטהרים אל הגנות
IS 66,17 אחר אחד בתוך
IS 66,17 אכלי בשר החזיר
IS 66,17 והשקץ והעכבר
IS 66,17 והשקץ והעכבר
IS 66,18 באה לקבץ את כל הגוים והלשנות
IS 66,18 באה לקבץ את כל הגוים והלשנות
IS 66,19 ושלחתי מהם פליטים אל הגוים
IS 66,19 האיים הרחקים
IS 66,19 האיים הרחקים
IS 66,19 והגידו את כבודי בגוים
IS 66,20 מכל הגוים מנחה ליהוה
IS 66,20 בסוסים וברכב ובצבים
IS 66,20 בסוסים וברכב ובצבים
IS 66,20 בסוסים וברכב ובצבים
IS 66,20 ובפרדים ובכרכרות
IS 66,20 ובפרדים ובכרכרות
IS 66,20 כאשר יביאו בני ישראל את המנחה
IS 66,21 וגם מהם אקח לכהנים ללוים
IS 66,21 וגם מהם אקח לכהנים ללוים
IS 66,22 כי כאשר השמים החדשים
IS 66,22 כי כאשר השמים החדשים
IS 66,22 והארץ החדשה אשר אני עשה
IS 66,22 והארץ החדשה אשר אני עשה
IS 66,24 וראו בפגרי האנשים
IS 66,24 הפשעים בי

ה * 11X I

IS 57,04 הלוא אתם ילדי פשע
IS 57,06 העל אלה אנחם
IS 57,11 הלא אני מחשה ומעלם
IS 58,05 הכזה יהיה צום אבחרהו
IS 58,05 הלכף כאגמן ראשו
IS 58,05 הלזה תקרא צום
IS 58,06 הלוא זה צום אבחרהו
IS 58,07 הלוא פרס לרעב לחמך
IS 64,11 העל אלה תתאפק יהוה
IS 66,08 היוחל ארץ ביום אחד
IS 66,09 האני אשביר ולא אוליד

הבל * 1X NM.

IS 57,13 יקח הבל

הגה *

4X VB.

IS 59,03 לשונכם עולה תהגה

IS 59,11 וכיונים הגה נהגה

IS 59,11 וכיונים הגה נהגה

IS 59,13 הרו והגו מלב דברי שקר

הדם *

1X NM.

IS 66,01 והארץ הדם רגלי

הדר *

1X VB.

IS 63,01 זה הדור בלבושו

הוא *

2X

IS 63,09 הוא גאלם

IS 63,10 הוא נלחם בם

הזה *

1X VB.

IS 56,10 הזים שכבים

היא *

2X

IS 59,16 וצדקתו היא סמכתהו

IS 63,05 וחמתי היא סמכתני

היה *

27X VB.

IS 56,06 להיות לו לעבדים

IS 56,12 והיה כזה יום מחר

IS 58,05 הכזה יהיה צום אבחרהו

IS 58,11 והיית כגן רוה

IS 59,02 כי אם עונתיכם היו מבדלים

IS 59,06 קוריהם לא יהיו לבגד

IS 59,15 ותהי האמת נעדרת

IS 60,15 תחת היותך עזובה

IS 60,19 לא יהיה לך עוד השמש לאור יומם

IS 60,19 והיה לך יהוה לאור עולם

IS 60,20 כי יהוה יהיה לך לאור עולם

IS 60,22 הקטן יהיה לאלף

IS 61,07 שמחת עולם תהיה להם

IS 62,03 והיית עטרת תפארת ביד יהוה

IS 63,08 ויהי להם למושיע

IS 63,19 היינו מעולם לא משלת בם

IS 64,05 ונהי כטמא כלנו

IS 64,09 ערי קדשך היו מדבר

IS 64,09 ציון מדבר היתה

IS 64,10 היה לשרפת אש

IS 64,10 וכל מחמדינו היה לחרבה

IS 65,10 והיה השרון לנוה צאן

IS 65,20 לא יהיה משם עוד עול ימים

IS 65,24 והיה טרם יקראו ואני אענה

IS 66,02 ויהיו כל אלה

IS 66,23 והיה מדי חדש בחדשו

IS 66,24 והיו דראון לכל בשר

היכל *
1X NM.
IS 66,06 קול מהיכל

הלך *
9X VB.
IS 57,02 הלך נכחו
IS 57,17 וילך שובב בדרך לבו
IS 58,08 והלך לפניך צדקך
IS 59,09 לנגהות באפלות נהלך
IS 60,03 והלכו גוים לאורך
IS 60,14 והלכו אליך שחוח בני מעניך
IS 63,12 מוליך לימין משה
IS 63,13 מוליכם בתהמות
IS 65,02 ההלכים הדרך לא טוב

הלל *
2X VB.
IS 62,09 והללו את יהוה
IS 64,10 אשר הללוך אבתינו

הם *
5X
IS 57,06 הם הם גורלך
IS 57,06 הם הם גורלך
IS 61,09 כי הם זרע ברך יהוה
IS 65,24 עוד הם מדברים ואני אשמע
IS 66,05 והם יבשו

המה *
5X
IS 56,11 והמה רעים
IS 63,08 ויאמר אך עמי המה
IS 63,10 והמה מרו ועצבו
IS 65,23 כי זרע ברוכי יהוה המה
IS 66,03 גם המה בחרו בדרכיהם

המה *
1X VB.
IS 59,11 נהמה כדבים כלנו

המון *
2X NM.
IS 60,05 כי יהפך עליך המון ים
IS 63,15 המון מעיך

המסים *
1X NM.
IS 64,01 בקדח אש המסים

הן *
6X
IS 56,03 הן אני עץ יבש
IS 58,03 הן ביום צמכם תמצאו חפץ
IS 58,04 הן לריב ומצה תצומו
IS 59,01 הן לא קצרה יד יהוה מהושיע
IS 64,04 הן אתה קצפת ונחטא
IS 64,08 הן הבט נא עמך כלנו

הנה *
17X
IS 58,09 תשוע ויאמר הנני
IS 59,09 נקוה לאור והנה חשך
IS 60,02 כי הנה החשך יכסה ארץ

IS 62,11 הנה יהוה השמיע
IS 62,11 הנה ישעך בא
IS 62,11 הנה שכרו אתו
IS 65,01 אמרתי הנני הנני
IS 65,01 אמרתי הנני הנני
IS 65,06 הנה כתובה לפני
IS 65,13 הנה עבדי יאכלו
IS 65,13 הנה עבדי ישתו
IS 65,13 הנה עבדי ישמחו
IS 65,14 הנה עבדי ירנו
IS 65,17 כי הנני בורא שמים חדשים
IS 65,18 כי הנני בורא את ירושלם גילה
IS 66,12 הנני נטה אליה כנהר שלום
IS 66,15 כי הנה יהוה באש יבוא

הנה * II 1X
IS 57,03 ואתם קרבו הנה

הפך * 2X VB.
IS 60,05 כי יהפך עליך המון ים
IS 63,10 ויהפך להם לאויב

הר * 10X NM.
IS 56,07 והביאותים אל הר קדשי
IS 57,07 על הר גבה ונשא
IS 57,13 ויירש הר קדשי
IS 63,19 מפניך הרים נזלו
IS 64,02 ירדת מפניך הרים נזלו
IS 65,07 אשר קטרו על ההרים
IS 65,09 ומיהודה יורש הרי
IS 65,11 השכחים את הר קדשי
IS 65,25 בכל הר קדשי
IS 66,20 על הר קדשי ירושלם

הרה * 2X VB.
IS 59,04 הרו עמל והוליד און
IS 59,13 הרו והגו מלב דברי שקר

ו * 421X
IS 56,01 שמרו משפט ועשו צדקה
IS 56,01 וצדקתי להגלות
IS 56,02 ובן אדם יחזיק בה
IS 56,02 ושמר ידו מעשות כל רע
IS 56,03 ואל יאמר בן הנכר
IS 56,03 ואל יאמר הסריס
IS 56,04 ובחרו באשר חפצתי
IS 56,04 ומחזיקים בבריתי
IS 56,05 ונתתי להם בביתי ובחומתי יד ושם
IS 56,05 ונתתי להם בביתי ובחומתי יד ושם
IS 56,05 ונתתי להם בביתי ובחומתי יד ושם
IS 56,05 טוב מבנים ומבנות
IS 56,06 ובני הנכר הנלוים על יהוה
IS 56,06 לשרתו ולאהבה את שם יהוה

IS 56,06 ומחזיקים בבריתי

IS 56,07 והביאותים אל הר קדשי

IS 56,07 ושמחתים בבית תפלתי

IS 56,07 עולתיהם וזבחיהם לרצון על מזבחי

IS 56,11 והכלבים עזי נפש

IS 56,11 והמה רעים

IS 56,12 ונסבאה שכר

IS 56,12 והיה כזה יום מחר

IS 57,01 ואין איש שם על לב

IS 57,01 ואנשי חסד נאספים

IS 57,03 ואתם קרבו הנה

IS 57,03 זרע מנאף ותזנה

IS 57,07 על הר גבה ונשא

IS 57,08 ואחר הדלת והמזוזה

IS 57,08 ואחר הדלת והמזוזה

IS 57,08 כי מאתי גלית ותעלי

IS 57,08 ותכרת לך מהם

IS 57,09 ותשרי למלך בשמן

IS 57,09 ותרבי רקחיך

IS 57,09 ותשלחי ציריך עד מרחק

IS 57,09 ותשפילי עד שאול

IS 57,11 ואת מי דאגת ותיראי

IS 57,11 ואת מי דאגת ותיראי

IS 57,11 ואותי לא זכרת

IS 57,11 הלא אני מחשה ומעלם

IS 57,11 ואותי לא תיראי

IS 57,12 ואת מעשיך

IS 57,12 ולא יועילוך

IS 57,13 ואת כלם ישא רוח

IS 57,13 והחוסה בי ינחל ארץ

IS 57,13 ויירש הר קדשי

IS 57,14 ואמר

IS 57,15 כי כה אמר רם ונשא

IS 57,15 שכן עד וקדוש שמו

IS 57,15 מרום וקדוש אשכון

IS 57,15 ואת דכא ושפל רוח

IS 57,15 ואת דכא ושפל רוח

IS 57,15 ולהחיות לב נדכאים

IS 57,16 ולא לנצח אקצוף

IS 57,16 ונשמות אני עשיתי

IS 57,17 ואכהו הסתר ואקצף

IS 57,17 ואכהו הסתר ואקצף

IS 57,17 וילך שובב בדרך לבו

IS 57,18 וארפאהו

IS 57,18 ואנחהו

IS 57,18 ואשלם נחמים לו ולאבליו

IS 57,18 ואשלם נחמים לו ולאבליו

IS 57,19 שלום שלום לרחוק ולקרוב

IS 57,19 ורפאתיו

IS 57,20 והרשעים כים נגרש

IS 57,20 ויגרשו מימיו רפש וטיט

IS 57,20 ויגרשו מימיו רפש וטיט

IS 58,01 והגד לעמי פשעם

IS 58,01	ולבית יעקב חטאתם
IS 58,02	ואותי יום יום ידרשון
IS 58,02	ודעת דרכי יחפצון
IS 58,02	ומשפט אלהיו לא עזב
IS 58,03	למה צמנו ולא ראית
IS 58,03	ענינו נפשנו ולא תדע
IS 58,03	וכל עצביכם תנגשו
IS 58,04	הן לריב ומצה תצומו
IS 58,04	ולהכות באגרף רשע
IS 58,05	ושק ואפר יציע
IS 58,05	ושק ואפר יציע
IS 58,05	ויום רצון ליהוה
IS 58,06	ושלח רצוצים חפשים
IS 58,06	וכל מוטה תנתקו
IS 58,07	ועניים מרודים תביא בית
IS 58,07	כי תראה ערם וכסיתו
IS 58,07	ומבשרך לא תתעלם
IS 58,08	וארכתך מהרה תצמח
IS 58,08	והלך לפניך צדקך
IS 58,09	אז תקרא ויהוה יענה
IS 58,09	תשוע ויאמר הנני
IS 58,09	שלח אצבע ודבר און
IS 58,10	ותפק לרעב נפשך
IS 58,10	ונפש נענה תשביע
IS 58,10	וזרח בחשך אורך
IS 58,10	ואפלתך כצהרים
IS 58,11	ונחך יהוה תמיד
IS 58,11	והשביע בצחצחות נפשך
IS 58,11	ועצמתיך יחליץ
IS 58,11	והיית כגן רוה
IS 58,11	וכמוצא מים
IS 58,12	ובנו ממך חרבות עולם
IS 58,12	מוסדי דור ודור תקומם
IS 58,12	וקרא לך גדר פרץ
IS 58,13	וקראת לשבת ענג
IS 58,13	וכבדתו מעשות דרכיך
IS 58,13	ממצוא חפצך ודבר דבר
IS 58,14	והרכבתיך על במותי ארץ
IS 58,14	והאכלתיך נחלת יעקב אביך
IS 59,01	ולא כבדה אזנו משמוע
IS 59,02	וחטאותיכם הסתירו פנים
IS 59,03	ואצבעותיכם בעון
IS 59,04	ואין נשפט באמונה
IS 59,04	בטוח על תהו ודבר שוא
IS 59,04	הרו עמל והוליד און
IS 59,05	וקורי עכביש יארגו
IS 59,05	והזורה תבקע אפעה
IS 59,06	ולא יתכסו במעשיהם
IS 59,06	ופעל חמס בכפיהם
IS 59,07	וימהרו לשפך דם נקי
IS 59,07	שד ושבר במסלותם
IS 59,08	ואין משפט במעגלותם
IS 59,09	ולא תשיגנו צדקה

IS 59,09	נקוה לאור והנה חשך
IS 59,10	וכאין עינים נגששה
IS 59,11	וכיונים הגה נהגה
IS 59,11	נקוה למשפט ואין
IS 59,12	וחטאותינו ענתה בנו
IS 59,12	ועונתינו ידענום
IS 59,13	פשע וכחש ביהוה
IS 59,13	ונסוג מאחר אלהינו
IS 59,13	דבר עשק וסרה
IS 59,13	הרו והגו מלב דברי שקר
IS 59,14	והסג אחור משפט
IS 59,14	וצדקה מרחוק תעמד
IS 59,14	ונכחה לא תוכל לבוא
IS 59,15	ותהי האמת נעדרת
IS 59,15	וסר מרע משתולל
IS 59,15	וירא יהוה וירע בעיניו
IS 59,15	וירא יהוה וירע בעיניו
IS 59,16	וירא כי אין איש
IS 59,16	וישתומם כי אין מפגיע
IS 59,16	ותושע לו זרעו
IS 59,16	וצדקתו היא סמכתהו
IS 59,17	וילבש צדקה כשרין
IS 59,17	וכובע ישועה בראשו
IS 59,17	וילבש בגדי נקם תלבשת
IS 59,17	ויעט כמעיל קנאה
IS 59,19	וייראו ממערב את שם יהוה
IS 59,19	וממזרח שמש את כבודו
IS 59,20	ובא לציון גואל
IS 59,20	ולשבי פשע ביעקב
IS 59,21	ואני זאת בריתי אותם
IS 59,21	ודברי אשר שמתי בפיך
IS 59,21	ומפי זרעך
IS 59,21	ומפי זרע זרעך
IS 59,21	מעתה ועד עולם
IS 60,01	וכבוד יהוה עליך זרח
IS 60,02	וערפל לאמים
IS 60,02	ועליך יזרח יהוה
IS 60,02	וכבודו עליך יראה
IS 60,03	והלכו גוים לאורך
IS 60,03	ומלכים לנגה זרחך
IS 60,04	שאי סביב עיניך וראי
IS 60,04	ובנתיך על צד תאמנה
IS 60,05	אז תראי ונהרת
IS 60,05	ופחד ורחב לבבך
IS 60,05	ופחד ורחב לבבך
IS 60,06	בכרי מדין ועיפה
IS 60,06	זהב ולבונה ישאו
IS 60,06	ותהלת יהוה יבשרו
IS 60,07	ובית תפארתי אפאר
IS 60,08	וכיונים אל ארבתיהם
IS 60,09	ואניות תרשיש בראשנה
IS 60,09	כספם וזהבם אתם
IS 60,09	ולקדוש ישראל כי פארך

IS 60,10 ובנו בני נכר חמתיך
IS 60,10 ומלכיהם ישרתונך
IS 60,10 וברצוני רחמתיך
IS 60,11 ופתחו שעריך תמיד
IS 60,11 יומם ולילה לא יסגרו
IS 60,11 ומלכיהם נהוגים
IS 60,12 כי הגוי והממלכה אשר לא יעבדוך יאבדו
IS 60,12 והגוים חרב יחרבו
IS 60,13 ברוש תדהר ותאשור יחדו
IS 60,13 ומקום רגלי אכבד
IS 60,14 והלכו אליך שחוח בני מעניך
IS 60,14 והשתחוו על כפות רגליך כל מנאציך
IS 60,14 וקראו לך עיר יהוה
IS 60,15 ושנואה ואין עובר
IS 60,15 ושנואה ואין עובר
IS 60,15 ושמתיך לגאון עולם
IS 60,15 משוש דור ודור
IS 60,16 וינקת חלב גוים
IS 60,16 ושד מלכים תינקי
IS 60,16 וידעת כי אני יהוה מושיעך
IS 60,16 וגאלך אביר יעקב
IS 60,17 ותחת הברזל אביא כסף
IS 60,17 ותחת העצים נחשת
IS 60,17 ותחת האבנים ברזל
IS 60,17 ושמתי פקדתך שלום
IS 60,17 ונגשיך צדקה
IS 60,18 שד ושבר בגבוליך
IS 60,18 וקראת ישועה חומתיך
IS 60,18 ושעריך תהלה
IS 60,19 ולנגה הירח לא יאיר לך
IS 60,19 והיה לך יהוה לאור עולם
IS 60,19 ואלהיך לתפארתך
IS 60,20 וירחך לא יאסף
IS 60,20 ושלמו ימי אבלך
IS 60,21 ועמך כלם צדיקים
IS 60,22 והצעיר לגוי עצום
IS 61,01 ולאסורים פקח קוח
IS 61,02 ויום נקם לאלהינו
IS 61,03 וקרא להם אילי הצדק
IS 61,04 ובנו חרבות עולם
IS 61,04 וחדשו ערי חרב
IS 61,04 שממות דור ודור
IS 61,05 ועמדו זרים ורעו צאנכם
IS 61,05 ועמדו זרים ורעו צאנכם
IS 61,05 ובני נכר אכריכם וכרמיכם
IS 61,05 ובני נכר אכריכם וכרמיכם
IS 61,06 ואתם כהני יהוה תקראו
IS 61,06 ובכבודם תתימרו
IS 61,07 וכלמה ירנו חלקם
IS 61,08 ונתתי פעלתם באמת
IS 61,08 וברית עולם אכרות להם
IS 61,09 ונודע בגוים זרעם
IS 61,09 וצאצאיהם בתוך העמים

IS 61,10 וככלה תעדה כליה
IS 61,11 וכגנה זרועיה תצמיח
IS 61,11 ותהלה נגד כל הגוים
IS 62,01 ולמען ירושלם לא אשקוט
IS 62,01 וישועתה כלפיד יבער
IS 62,02 וראו גוים צדקך
IS 62,02 וכל מלכים כבודך
IS 62,02 וקרא לך שם חדש
IS 62,03 והיית עטרת תפארת ביד יהוה
IS 62,03 וצנוף מלוכה בכף אלהיך
IS 62,04 ולארצך לא יאמר עוד שממה
IS 62,04 ולארצך בעולה
IS 62,04 וארצך תבעל
IS 62,05 ומשוש חתן על כלה
IS 62,06 כל היום וכל הלילה
IS 62,07 ואל תתנו דמי לו
IS 62,07 ועד ישים את ירושלם
IS 62,08 ובזרוע עזו
IS 62,08 ואם ישתו בני נכר תירושך
IS 62,09 והללו את יהוה
IS 62,09 ומקבציו ישתהו
IS 62,11 ופעלתו לפניו
IS 62,12 וקראו להם עם הקדש
IS 62,12 ולך יקרא דרושה
IS 63,02 ובגדיך כדרך בגת
IS 63,03 ומעמים אין איש אתי
IS 63,03 ואדרכם באפי
IS 63,03 וארמסם בחמתי
IS 63,03 ויז נצחם על בגדי
IS 63,03 וכל מלבושי אגאלתי
IS 63,04 ושנת גאולי באה
IS 63,05 ואביט ואין עזר
IS 63,05 ואביט ואין עזר
IS 63,05 ואשתומם ואין סומך
IS 63,05 ואשתומם ואין סומך
IS 63,05 ותושע לי זרעי
IS 63,05 וחמתי היא סמכתני
IS 63,06 ואבוס עמים באפי
IS 63,06 ואשכרם בחמתי
IS 63,06 ואוריד לארץ נצחם
IS 63,07 ורב טוב לבית ישראל
IS 63,07 וכרב חסדיו
IS 63,08 ויאמר אך עמי המה
IS 63,08 ויהי להם למושיע
IS 63,09 לא צר ומלאך
IS 63,09 באהבתו ובחמלתו
IS 63,09 וינטלם וינשאם
IS 63,09 וינטלם וינשאם
IS 63,10 והמה מרו ועצבו
IS 63,10 והמה מרו ועצבו
IS 63,10 ויהפך להם לאויב
IS 63,11 ויזכר ימי עולם
IS 63,15 הבט משמים וראה

IS 63,15	מזבל קדשך ותפארתך
IS 63,15	איה קנאתך וגבורתך
IS 63,15	ורחמיך אלי התאפקו
IS 63,16	וישראל לא יכירנו
IS 64,03	ומעולם לא שמעו
IS 64,04	פגעת את שש ועשה צדק
IS 64,04	הן אתה קצפת ונחטא
IS 64,04	בהם עולם ונושע
IS 64,05	ונהי כטמא כלנו
IS 64,05	וכבגד עדים כל צדקתינו
IS 64,05	ונבל כעלה כלנו
IS 64,05	ועוננו כרוח ישאנו
IS 64,06	ואין קורא בשמך
IS 64,06	ותמוגנו ביד עוננו
IS 64,07	ועתה יהוה אבינו אתה
IS 64,07	אנחנו החמר ואתה יצרנו
IS 64,07	ומעשה ידך כלנו
IS 64,08	ואל לעד תזכר עון
IS 64,10	בית קדשנו ותפארתנו
IS 64,10	וכל מחמדינו היה לחרבה
IS 64,11	תחשה ותעננו עד מאד
IS 65,03	ומקטרים על הלבנים
IS 65,04	ובנצורים ילינו
IS 65,04	ופרק פגלים כליהם
IS 65,06	ושלמתי על חיקם
IS 65,07	עונתיכם ועונת אבותיכם יחדו
IS 65,07	ועל הגבעות חרפוני
IS 65,07	ומדתי פעלתם ראשנה
IS 65,08	ואמר אל תשחיתהו
IS 65,09	והוצאתי מיעקב זרע
IS 65,09	ומיהודה יורש הרי
IS 65,09	וירשוה בחירי
IS 65,09	ועבדי ישכנו שמה
IS 65,10	והיה השרון לנוה צאן
IS 65,10	ועמק עכור לרבץ בקר
IS 65,11	ואתם עזבי יהוה
IS 65,11	והממלאים למני ממסך
IS 65,12	ומניתי אתכם לחרב
IS 65,12	וכלכם לטבח תכרעו
IS 65,12	יען קראתי ולא עניתם
IS 65,12	דברתי ולא שמעתם
IS 65,12	ותעשו הרע בעיני
IS 65,12	ובאשר לא חפצתי בחרתם
IS 65,13	ואתם תרעבו
IS 65,13	ואתם תצמאו
IS 65,13	ואתם תבשו
IS 65,14	ואתם תצעקו מכאב לב
IS 65,14	ומשבר רוח תילילו
IS 65,15	והנחתם שמכם לשבועה לבחירי
IS 65,15	והמיתך אדני יהוה
IS 65,15	ולעבדיו יקרא שם אחר
IS 65,16	והנשבע בארץ
IS 65,16	וכי נסתרו מעיני

IS 65,17 וארץ חדשה
IS 65,17 ולא תזכרנה הראשנות
IS 65,17 ולא תעלינה על לב
IS 65,18 כי אם שישו וגילו עדי עד
IS 65,18 ועמה משוש
IS 65,19 וגלתי בירושלם
IS 65,19 וששתי בעמי
IS 65,19 ולא ישמע בה עוד קול בכי
IS 65,19 וקול זעקה
IS 65,20 וזקן אשר לא ימלא את ימיו
IS 65,20 והחוטא בן מאה שנה יקלל
IS 65,21 ובנו בתים וישבו
IS 65,21 ובנו בתים וישבו
IS 65,21 ונטעו כרמים ואכלו פרים
IS 65,21 ונטעו כרמים ואכלו פרים
IS 65,22 לא יבנו ואחר ישב
IS 65,22 לא יטעו ואחר יאכל
IS 65,22 ומעשה ידיהם יבלו בחירי
IS 65,23 ולא ילדו לבהלה
IS 65,23 וצאצאיהם אתם
IS 65,24 והיה טרם יקראו ואני אענה
IS 65,24 והיה טרם יקראו ואני אענה
IS 65,24 עוד הם מדברים ואני אשמע
IS 65,25 זאב וטלה ירעו כאחד
IS 65,25 ואריה כבקר יאכל תבן
IS 65,25 ונחש עפר לחמו
IS 65,25 לא ירעו ולא ישחיתו
IS 66,01 והארץ הדם רגלי
IS 66,01 ואי זה מקום מנוחתי
IS 66,02 ואת כל אלה ידי עשתה
IS 66,02 ויהיו כל אלה
IS 66,02 ואל זה אביט אל עני
IS 66,02 ונכה רוח וחרד על דברי
IS 66,02 ונכה רוח וחרד על דברי
IS 66,03 ובשקוציהם נפשם חפצה
IS 66,04 ומגורתם אביא להם
IS 66,04 יען קראתי ואין עונה
IS 66,04 דברתי ולא שמעו
IS 66,04 ויעשו הרע בעיני
IS 66,04 ובאשר לא חפצתי בחרו
IS 66,05 ונראה בשמחתכם
IS 66,05 והם יבשו
IS 66,07 והמליטה זכר
IS 66,09 האני אשביר ולא אוליד
IS 66,09 אם אני המוליד ועצרתי
IS 66,10 שמחו את ירושלם וגילו בה
IS 66,11 למען תינקו ושבעתם
IS 66,11 למען תמצו והתענגתם
IS 66,12 וכנחל שוטף כבוד גוים
IS 66,12 וינקתם
IS 66,12 ועל ברכים תשעשעו
IS 66,13 ובירושלם תנחמו
IS 66,14 וראיתם ושש לבכם

IS 66,14 וראיתם ושש לבכם
IS 66,14 ועצמותיכם כדשא תפרחנה
IS 66,14 ונודעה יד יהוה את עבדיו
IS 66,14 וזעם את איביו
IS 66,15 וכסופה מרכבתיו
IS 66,15 וגערתו בלהבי אש
IS 66,16 ובחרבו את כל בשר
IS 66,16 ורבו חללי יהוה
IS 66,17 המתקדשים והמטהרים אל הגנות
IS 66,17 והשקץ והעכבר
IS 66,17 והשקץ והעכבר
IS 66,18 ואנכי מעשיהם ומחשבתיהם
IS 66,18 ואנכי מעשיהם ומחשבתיהם
IS 66,18 באה לקבץ את כל הגוים והלשנות
IS 66,18 ובאו וראו את כבודי
IS 66,18 ובאו וראו את כבודי
IS 66,19 ושמתי בהם אות
IS 66,19 ושלחתי מהם פליטים אל הגוים
IS 66,19 תרשיש פול ולוד משכי קשת תבל ויון
IS 66,19 תרשיש פול ולוד משכי קשת תבל ויון
IS 66,20 ולא ראו את כבודי
IS 66,19 והגידו את כבודי בגוים
IS 66,20 והביאו את כל אחיכם
IS 66,20 בסוסים וברכב ובצבים
IS 66,20 בסוסים וברכב ובצבים
IS 66,20 ובפרדים ובכרכרות
IS 66,20 ובפרדים ובכרכרות
IS 66,21 וגם מהם אקח לכהנים ללוים
IS 66,22 והארץ החדשה אשר אני עשה
IS 66,22 כן יעמד זרעכם ושמכם
IS 66,23 והיה מדי חדש בחדשו
IS 66,23 ומדי שבת בשבתו
IS 66,24 ויצאו
IS 66,24 וראו בפגרי האנשים
IS 66,24 ואשם לא תכבה
IS 66,24 והיו דראון לכל בשר

זאב * 1X NM.
IS 65,25 זאב וטלה ירעו כאחד

זאת * 3X
IS 56,02 אשרי אנוש יעשה זאת
IS 59,21 ואני זאת בריתי אותם
IS 66,08 מי שמע כזאת

זבח * 3X VB.
IS 57,07 לזבח זבח
IS 65,03 זבחים בגנות
IS 66,03 זובח השה ערף כלב

זבח *
2X NM.
IS 56,07 עולתיהם וזבחיהם לרצון על מזבחי
IS 57,07 לזבח זבח

זבל *
1X NM.
IS 63,15 מזבל קדשך ותפארתך

זה *
9X
IS 56,12 והיה כזה יום מחר
IS 58,05 הכזה יהיה צום אבחרהו
IS 58,05 הלזה תקרא צום
IS 58,06 הלוא זה צום אבחרהו
IS 63,01 מי זה בא מאדום
IS 63,01 זה הדור בלבושו
IS 66,01 אי זה בית אשר תבנו לי
IS 66,01 ואי זה מקום מנוחתי
IS 66,02 ואל זה אביט אל עני

זהב *
3X NM.
IS 60,06 זהב ולבונה ישאו
IS 60,09 כספם וזהבם אתם
IS 60,17 תחת הנחשת אביא זהב

זולה *
1X NM.
IS 64,03 עין לא ראתה אלהים זולתך

זור *
1X VB. I
IS 59,05 והזורה תבקע אפעה

זיז *
1X NM. I
IS 66,11 מזיז כבודה

זכר *
8X VB.
IS 57,11 ואותי לא זכרת
IS 62,06 המזכרים את יהוה
IS 63,07 חסדי יהוה אזכיר
IS 63,11 ויזכר ימי עולם
IS 64,04 בדרכיך יזכרוך
IS 64,08 ואל לעד תזכר עון
IS 65,17 ולא תזכרנה הראשנות
IS 66,03 מזכיר לבנה מברך און

זכר *
1X NM. I
IS 66,07 והמליטה זכר

זכרון *
1X NM.
IS 57,08 שמת זכרונך

זלל *
2X VB.
IS 63,19 מפניך הרים נזלו
IS 64,02 ירדת מפניך הרים נזלו

זנה *

1X VB.

IS 57,03 זרע מנאף ותזנה

זעם *

1X VB.

IS 66,14 וזעם את איביו

זעק *

1X VB.

IS 57,13 בזעקך יצילך קבוציך

זעקה *

1X NM.

IS 65,19 וקול זעקה

זקן *

1X NM.

IS 65,20 וזקן אשר לא ימלא את ימיו

זר *

1X NM.

IS 61,05 ועמדו זרים ורעו צאנכם

זרוע *

4X NM.

IS 59,16 ותושע לו זרעו
IS 62,08 ובזרוע עזו
IS 63,05 ותושע לי זרעי
IS 63,12 זרוע תפארתו

זרוע *

1X NM. I

IS 61,11 וכגנה זרועיה תצמיח

זרח *

3X VB.

IS 58,10 וזרח בחשך אורך
IS 60,01 וכבוד יהוה עליך זרח
IS 60,02 ועליך יזרח יהוה

זרח *

1X NM.

IS 60,03 ומלכים לנגה זרחך

זרע *

10X NM.

IS 57,03 זרע מנאף ותזנה
IS 57,04 זרע שקר
IS 59,21 ומפי זרעך
IS 59,21 ומפי זרע זרעך
IS 59,21 ומפי זרע זרעך
IS 61,09 ונודע בגוים זרעם
IS 61,09 כי הם זרע ברך יהוה
IS 65,09 והוצאתי מיעקב זרע
IS 65,23 כי זרע ברוכי יהוה המה
IS 66,22 כן יעמד זרעכם ושמכם

חבל *

1X NM.

IS 66,07 בטרם יבוא חבל לה

חבש *

1X VB.

IS 61,01 לחבש לנשברי לב

חדש ✱ 1X VB.
IS 61,04 וחדשו ערי חרב

חדש ✱ 5X NM.
IS 62,02 וקרא לך שם חדש
IS 65,17 כי הנני בורא שמים חדשים
IS 65,17 וארץ חדשה
IS 66,22 כי כאשר השמים החדשים
IS 66,22 והארץ החדשה אשר אני עשה

חדש ✱ 2X NM. I
IS 66,23 והיה מדי חדש בחדשו
IS 66,23 והיה מדי חדש בחדשו

חוה ✱ 2X VB.
IS 60,14 והשתחוו על כפות רגליך כל מנאציך
IS 66,23 להשתחות לפני

חומה ✱ 4X NM.
IS 56,05 ונתתי להם בביתי ובחומתי יד ושם
IS 60,10 ובנו בני נכר חמתיך
IS 60,18 וקראת ישועה חומתיך
IS 62,06 על חומתיך ירושלם

חוש ✱ 1X VB.
IS 60,22 אני יהוה בעתה אחישנה

חזה ✱ 1X VB.
IS 57,08 יד חזית

חזיר ✱ 3X NM.
IS 65,04 האכלים בשר החזיר
IS 66,03 מעלה מנחה דם חזיר
IS 66,17 אכלי בשר החזיר

חזק ✱ 4X VB.
IS 56,02 ובן אדם יחזיק בה
IS 56,04 ומחזיקים בבריתי
IS 56,06 ומחזיקים בבריתי
IS 64,06 מתעורר להחזיק בך

חטא ✱ 2X VB.
IS 64,04 הן אתה קצפת ונחטא
IS 65,20 והחוטא בן מאה שנה יקלל

חטאת ✱ 3X NM.
IS 58,01 ולבית יעקב חטאתם
IS 59,02 וחטאותיכם הסתירו פנים
IS 59,12 וחטאותינו ענתה בנו

חיה ✱ 2X VB.
IS 57,15 להחיות רוח שפלים
IS 57,15 ולהחיות לב נדכאים

חיה *
2X NM.
IS 56,09 כל חיתו שדי
IS 56,09 כל חיתו ביער

חיה *
1X NM. II
IS 57,10 חית ידך מצאת

חיל *
3X VB.
IS 66,07 בטרם תחיל ילדה
IS 66,08 היוחל ארץ ביום אחד
IS 66,08 כי חלה גם ילדה

חיל *
3X NM.
IS 60,05 חיל גוים יבאו לך
IS 60,11 להביא אליך חיל גוים
IS 61,06 חיל גוים תאכלו

חיק *
2X NM.
IS 65,06 ושלמתי על חיקם
IS 65,07 על חיקם

חכה *
1X VB.
IS 64,03 יעשה למחכה לו

חלב *
1X NM.
IS 60,16 וינקת חלב גוים

חלה *
1X VB.
IS 57,10 על כן לא חלית

חלל *
2X VB.
IS 56,02 שמר שבת מחללו
IS 56,06 כל שמר שבת מחללו

חלל *
1X NM.
IS 66,16 ורבו חללי יהוה

חלץ *
1X VB.
IS 58,11 ועצמתיך יחליץ

חלק *
2X NM.
IS 57,06 בחלקי נחל חלקך
IS 61,07 וכלמה ירנו חלקם

חלק *
1X NM. I
IS 57,06 בחלקי נחל חלקך

חמה *
5X NM.
IS 59,18 חמה לצריו גמול לאיביו
IS 63,03 וארמסם בחמתי
IS 63,05 וחמתי היא סמכתני
IS 63,06 ואשכרם בחמתי
IS 66,15 להשיב בחמה אפו

חמוץ * 1X NM.

IS 63,01 חמוץ בגדים מבצרה

חמלה * 1X NM.

IS 63,09 באהבתו ובחמלתו

חמם * 1X VB.

IS 57,05 הנחמים באלים

חמס * 2X NM.

IS 59,06 ופעל חמס בכפיהם
IS 60,18 לא ישמע עוד חמס בארצך

חמר * 1X NM.

IS 64,07 אנחנו החמר ואתה יצרנו

חסד * 3X NM.

IS 57,01 ואנשי חסד נאספים
IS 63,07 חסדי יהוה אזכיר
IS 63,07 וכרב חסדיו

חסה * 1X VB.

IS 57,13 והחוסה בי ינחל ארץ

חפץ * 7X VB.

IS 56,04 ובחרו באשר חפצתי
IS 58,02 ודעת דרכי יחפצון
IS 58,02 קרבת אלהים יחפצון
IS 62,04 כי חפץ יהוה בך
IS 65,12 ובאשר לא חפצתי בחרתם
IS 66,03 ובשקוציהם נפשם חפצה
IS 66,04 ובאשר לא חפצתי בחרו

חפץ * 4X NM.

IS 58,03 הן ביום צמכם תמצאו חפץ
IS 58,13 עשות חפציך ביום קדשי
IS 58,13 ממצוא חפצך ודבר דבר
IS 62,04 כי לך יקרא חפצי בה

חפשי * 1X NM.

IS 58,06 ושלח רצוצים חפשים

חצר * 1X NM.

IS 62,09 בחצרות קדשי

חרב * 2X VB.

IS 60,12 והגוים חרב יחרבו
IS 60,12 והגוים חרב יחרבו

חרב * 2X NM.

IS 65,12 ומניתי אתכם לחרב
IS 66,16 ובחרבו את כל בשר

חרב *

1X NM. I

IS 61,04 וחדשו ערי חרב

חרבה *

3X NM. I

IS 58,12 ובנו ממך חרבות עולם
IS 61,04 ובנו חרבות עולם
IS 64,10 וכל מחמדינו היה לחרבה

חרד *

2X NM.

IS 66,02 ונכה רוח וחרד על דברי
IS 66,05 החרדים אל דברו

חרף *

1X VB.

IS 65,07 ועל הגבעות חרפוני

חרצב *

1X NM.

IS 58,06 פתח חרצבות רשע

חשך *

1X VB.

IS 58,01 קרא בגרון אל תחשך

חשה *

5X VB.

IS 57,11 הלא אני מחשה ומעלם
IS 62,01 למען ציון לא אחשה
IS 62,06 תמיד לא יחשו
IS 64,11 תחשה ותעננו עד מאד
IS 65,06 לא אחשה כי אם שלמתי

חשך *

3X NM.

IS 58,10 וזרח בחשך אורך
IS 59,09 נקוה לאור והנה חשך
IS 60,02 כי הנה החשך יכסה ארץ

חתן *

2X NM.

IS 61,10 כחתן יכהן פאר
IS 62,05 ומשוש חתן על כלה

טבח *

1X NM.

IS 65,12 וכלכם לטבח תכרעו

טהר *

1X VB.

IS 66,17 המתקדשים והמטהרים אל הגנות

טהר *

1X NM.

IS 66,20 בכלי טהור בית יהוה

טוב *

2X NM.

IS 56,05 טוב מבנים ומבנות
IS 65,02 ההלכים הדרך לא טוב

טוב *

2X NM. I

IS 63,07 ורב טוב לבית ישראל
IS 65,14 מטוב לב

טיט *	1X NM.	
	IS 57,20	ויגרשו מימיו רפש וטיט
טלה *	1X NM.	
	IS 65,25	זאב וטלה ירעו כאחד
טמא *	1X NM.	
	IS 64,05	ונהי כטמא כלנו
טרם *	3X NM.	
	IS 65,24	והיה טרם יקראו ואני אענה
	IS 66,07	בטרם תחיל ילדה
	IS 66,07	בטרם יבוא חבל לה
יאש *	1X VB.	
	IS 57,10	לא אמרת נואש
יבש *	1X NM.	
	IS 56,03	הן אני עץ יבש
יגע *	3X VB.	
	IS 57,10	ברב דרכך יגעת
	IS 62,08	אשר יגעת בו
	IS 65,23	לא ייגעו לריק
יד *	13X NM.	
	IS 56,02	ושמר ידו מעשות כל רע
	IS 56,05	ונתתי להם בביתי ובחומתי יד ושם
	IS 57,08	יד חזית
	IS 57,10	חית ידך מצאת
	IS 59,01	הן לא קצרה יד יהוה מהושיע
	IS 60,21	מעשה ידי להתפאר
	IS 62,03	והיית עטרת תפארת ביד יהוה
	IS 64,06	ותמוגנו ביד עוננו
	IS 64,07	ומעשה ידך כלנו
	IS 65,02	פרשתי ידי כל היום
	IS 65,22	ומעשה ידיהם יבלו בחירי
	IS 66,02	ואת כל אלה ידי עשתה
	IS 66,14	ונודעה יד יהוה את עבדיו
ידע *	12X VB.	
	IS 56,10	לא ידעו
	IS 56,11	לא ידעו שבעה
	IS 56,11	לא ידעו הבין
	IS 58,03	ענינו נפשנו ולא תדע
	IS 59,08	דרך שלום לא ידעו
	IS 59,08	כל דרך בה לא ידע שלום
	IS 59,12	ועונתינו ידענום
	IS 60,16	וידעת כי אני יהוה מושיעך
	IS 61,09	ונודע בגוים זרעם
	IS 63,16	כי אברהם לא ידענו
	IS 64,01	להודיע שמך לצריך
	IS 66,14	ונודעה יד יהוה את עבדיו

יהודה *

1X NP.

IS 65,09 ומיהודה יורש הרי

יהוה *

83X NP.

IS 56,01 כה אמר יהוה
IS 56,03 הנלוה אל יהוה לאמר
IS 56,03 הבדל יבדילני יהוה מעל עמו
IS 56,04 כי כה אמר יהוה
IS 56,06 ובני הנכר הנלוים על יהוה
IS 56,06 לשרתו ולאהבה את שם יהוה
IS 56,08 נאם אדני יהוה
IS 57,19 אמר יהוה
IS 58,05 ויום רצון ליהוה
IS 58,08 כבוד יהוה יאספך
IS 58,09 אז תקרא ויהוה יענה
IS 58,11 ונחך יהוה תמיד
IS 58,13 לקדוש יהוה מכבד
IS 58,14 אז תתענג על יהוה
IS 58,14 כי פי יהוה דבר
IS 59,01 הן לא קצרה יד יהוה מהושיע
IS 59,13 פשע וכחש ביהוה
IS 59,15 וירא יהוה וירע בעיניו
IS 59,19 וייראו ממערב את שם יהוה
IS 59,19 רוח יהוה נססה בו
IS 59,20 נאם יהוה
IS 59,21 אמר יהוה
IS 59,21 אמר יהוה
IS 60,01 וכבוד יהוה עליך זרח
IS 60,02 ועליך יזרח יהוה
IS 60,06 ותהלת יהוה יבשרו
IS 60,09 לשם יהוה אלהיך
IS 60,14 וקראו לך עיר יהוה
IS 60,16 וידעת כי אני יהוה מושיעך
IS 60,19 והיה לך יהוה לאור עולם
IS 60,20 כי יהוה יהיה לך לאור עולם
IS 60,22 אני יהוה בעתה אחישנה
IS 61,01 רוח אדני יהוה עלי
IS 61,01 יען משח יהוה אתי
IS 61,02 לקרא שנת רצון ליהוה
IS 61,03 מטע יהוה להתפאר
IS 61,06 ואתם כהני יהוה תקראו
IS 61,08 כי אני יהוה אהב משפט
IS 61,09 כי הם זרע ברך יהוה
IS 61,10 שוש אשיש ביהוה
IS 61,11 כן אדני יהוה יצמיח צדקה
IS 62,02 אשר פי יהוה יקבנו
IS 62,03 והיית עטרת תפארת ביד יהוה
IS 62,04 כי חפץ יהוה בך
IS 62,06 המזכרים את יהוה
IS 62,08 נשבע יהוה בימינו
IS 62,09 והללו את יהוה
IS 62,11 הנה יהוה השמיע
IS 62,12 גאולי יהוה
IS 63,07 חסדי יהוה אזכיר

IS 63,07 תהלת יהוה
IS 63,07 כעל כל אשר גמלנו יהוה
IS 63,14 רוח יהוה תניחנו
IS 63,16 אתה יהוה אבינו
IS 63,17 למה תתענו יהוה מדרכיך
IS 64,07 ועתה יהוה אבינו אתה
IS 64,08 אל תקצף יהוה עד מאד
IS 64,11 העל אלה תתאפק יהוה
IS 65,07 אמר יהוה
IS 65,08 כה אמר יהוה
IS 65,11 ואתם עזבי יהוה
IS 65,13 לכן כה אמר אדני יהוה
IS 65,15 והמיתך אדני יהוה
IS 65,23 כי זרע ברוכי יהוה המה
IS 65,25 אמר יהוה
IS 66,01 כה אמר יהוה
IS 66,02 נאם יהוה
IS 66,05 שמעו דבר יהוה
IS 66,05 יכבד יהוה
IS 66,06 קול יהוה משלם
IS 66,09 יאמר יהוה
IS 66,12 כי כה אמר יהוה
IS 66,14 ונודעה יד יהוה את עבדיו
IS 66,15 כי הנה יהוה באש יבוא
IS 66,16 כי באש יהוה נשפט
IS 66,16 ורבו חללי יהוה
IS 66,17 נאם יהוה
IS 66,20 מכל הגוים מנחה ליהוה
IS 66,20 אמר יהוה
IS 66,20 בכלי טהור בית יהוה
IS 66,21 אמר יהוה
IS 66,22 נאם יהוה
IS 66,23 אמר יהוה

21X NM. יום *

IS 56,12 והיה כזה יום מחר
IS 58,02 ואותי יום יום ידרשון
IS 58,02 ואותי יום יום ידרשון
IS 58,03 הן ביום צמכם תמצאו חפץ
IS 58,04 לא תצומו כיום
IS 58,05 יום ענות אדם נפשו
IS 58,05 ויום רצון ליהוה
IS 58,13 עשות חפציך ביום קדשי
IS 60,20 ושלמו ימי אבלך
IS 61,02 ויום נקם לאלהינו
IS 62,06 כל היום וכל הלילה
IS 63,04 כי יום נקם בלבי
IS 63,09 כל ימי עולם
IS 63,11 ויזכר ימי עולם
IS 65,02 פרשתי ידי כל היום
IS 65,05 אש יקדת כל היום
IS 65,20 לא יהיה משם עוד עול ימים
IS 65,20 וזקן אשר לא ימלא את ימיו

IS 65,22 כי כימי העץ ימי עמי
IS 65,22 כי כימי העץ ימי עמי
IS 66,08 היוחל ארץ ביום אחד

יומם * 2X
IS 60,11 יומם ולילה לא יסגרו
IS 60,19 לא יהיה לך עוד השמש לאור יומם

יון * 1X NP.
IS 66,19 תרשיש פול ולוד משכי קשת תבל ויון

יונה * 2X NM.
IS 59,11 וכיונים הגה נהגה
IS 60,08 וכיונים אל ארבתיהם

יחדו * 3X
IS 60,13 ברוש תדהר ותאשור יחדו
IS 65,07 עונתיכם ועונת אבותיכם יחדו
IS 66,17 יחדו יספו

יין * 1X NM.
IS 56,12 אתיו אקחה יין

יכל * 3X VB.
IS 56,10 לא יוכלו לנבח
IS 57,20 כי השקט לא יוכל
IS 59,14 ונכחה לא תוכל לבוא

ילד * 7X VB.
IS 59,04 הרו עמל והוליד און
IS 65,23 ולא ילדו לבהלה
IS 66,07 בטרם תחיל ילדה
IS 66,08 אם יולד גוי פעם אחת
IS 66,08 כי חלה גם ילדה
IS 66,09 האני אשביר ולא אוליד
IS 66,09 אם אני המוליד ועצרתי

ילד * 2X NM.
IS 57,04 הלוא אתם ילדי פשע
IS 57,05 שחטי הילדים בנחלים

ילל * 1X VB.
IS 65,14 ומשבר רוח תילילו

ים * 3X NM.
IS 57,20 והרשעים כים נגרש
IS 60,05 כי יהפך עליך המון ים
IS 63,11 איה המעלם מים

ימין * 2X NM.
IS 62,08 נשבע יהוה בימינו
IS 63,12 מוליך לימין משה

ינק *

4X VB.
IS 60,16 וינקת חלב גוים
IS 60,16 ושד מלכים תינקי
IS 66,11 למען תינקו ושבעתם
IS 66,12 וינקתם

יעט *

1X VB.
IS 61,10 מעיל צדקה יעטני

יעל *

1X VB.
IS 57,12 ולא יועילוך

יען *

3X NM.
IS 61,01 יען משח יהוה אתי
IS 65,12 יען קראתי ולא עניתם
IS 66,04 יען קראתי ואין עונה

יעקב *

5X NP.
IS 58,01 ולבית יעקב חטאתם
IS 58,14 והאכלתיך נחלת יעקב אביך
IS 59,20 ולשבי פשע ביעקב
IS 60,16 וגאלך אביר יעקב
IS 65,09 והוצאתי מיעקב זרע

יער *

1X NM.
IS 56,09 כל חיתו ביער

יצא *

4X VB.
IS 61,11 כי כארץ תוציא צמחה
IS 62,01 עד יצא כנגה צדקה
IS 65,09 והוצאתי מיעקב זרע
IS 66,24 ויצאו

יצע *

1X VB.
IS 58,05 ושק ואפר יציע

יצר *

1X VB.
IS 64,07 אנחנו החמר ואתה יצרנו

יקד *

1X VB.
IS 65,05 אש יקדת כל היום

ירא *

4X VB.
IS 57,11 ואת מי דאגת ותיראי
IS 57,11 ואותי לא תיראי
IS 59,19 וייראו ממערב את שם יהוה
IS 64,02 בעשותך נוראות לא נקוה

יראה *

1X NM.
IS 63,17 תקשיח לבנו מיראתך

ירד *

4X VB.

IS 63,06 ואוריד לארץ נצחם
IS 63,14 כבהמה בבקעה תרד
IS 63,19 לוא קרעת שמים ירדת
IS 64,02 ירדת מפניך הרים נזלו

ירושלם *

9X NP.

IS 62,01 ולמען ירושלם לא אשקוט
IS 62,06 על חומתיך ירושלם
IS 62,07 ועד ישים את ירושלם
IS 64,09 ירושלם שממה
IS 65,18 כי הנני בורא את ירושלם גילה
IS 65,19 וגלתי בירושלם
IS 66,10 שמחו את ירושלם וגילו בה
IS 66,13 ובירושלם תנחמו
IS 66,20 על הר קדשי ירושלם

ירח *

2X NM. I

IS 60,19 ולנגה הירח לא יאיר לך
IS 60,20 וירחך לא יאסף

ירש *

6X VB.

IS 57,13 ויירש הר קדשי
IS 60,21 לעולם יירשו ארץ
IS 61,07 לכן בארצם משנה יירשו
IS 63,18 למצער ירשו עם קדשך
IS 65,09 ומיהודה יורש הרי
IS 65,09 וירשוה בחירי

ישראל *

6X NP.

IS 56,08 מקבץ נדחי ישראל
IS 60,09 ולקדוש ישראל כי פארך
IS 60,14 ציון קדוש ישראל
IS 63,07 ורב טוב לבית ישראל
IS 63,16 וישראל לא יכירנו
IS 66,20 כאשר יביאו בני ישראל את המנחה

ישב *

4X VB.

IS 58,12 משבב נתיבות לשבת
IS 65,04 הישבים בקברים
IS 65,21 ובנו בתים וישבו
IS 65,22 לא יבנו ואחר ישב

ישועה *

5X NM.

IS 56,01 כי קרובה ישועתי לבוא
IS 59,11 לישועה רחקה ממנו
IS 59,17 וכובע ישועה בראשו
IS 60,18 וקראת ישועה חומתיך
IS 62,01 וישועתה כלפיד יבער

ישע *

8X VB.

IS 59,01 הן לא קצרה יד יהוה מהושיע
IS 59,16 ותושע לו זרעו
IS 60,16 וידעת כי אני יהוה מושיעך

IS 63,01 רב להושיע
IS 63,05 ותושע לי זרעי
IS 63,08 ויהי להם למושיע
IS 63,09 פניו הושיעם
IS 64,04 בהם עולם ונושע

ישע * 2X NM.
IS 61,10 כי הלבישני בגדי ישע
IS 62,11 הנה ישעך בא

יתר * 1X NM.
IS 56,12 גדול יתר מאד

ב * 54X
IS 56,12 והיה בזה יום מחר
IS 57,20 והרשעים בים נגרש
IS 58,01 בשופר הרם קולך
IS 58,02 בגוי אשר צדקה עשה
IS 58,04 לא תצומו ביום
IS 58,05 הבזה יהיה צום אבחרהו
IS 58,05 הלכף באגמן ראשו
IS 58,08 אז יבקע בשחר אורך
IS 58,10 ואפלתך בצהרים
IS 58,11 והיית בגן רוה
IS 58,11 ובמוצא מים
IS 59,10 נגששה בעורים קיר
IS 59,10 ובאין עינים נגששה
IS 59,10 כשלנו בצהרים בנשף
IS 59,10 באשמנים במתים
IS 59,11 נהמה בדבים כלנו
IS 59,11 וביונים הגה נהגה
IS 59,17 וילבש צדקה בשרין
IS 59,17 ויעט במעיל קנאה
IS 59,18 בעל גמלות כעל ישלם
IS 59,18 כעל גמלות בעל ישלם
IS 59,19 כי יבוא בנהר צר
IS 60,08 מי אלה בעב תעופינה
IS 60,08 וביונים אל ארבתיהם
IS 61,10 בחתן יכהן פאר
IS 61,10 ובכלה תעדה כליה
IS 61,11 כי בארץ תוציא צמחה
IS 61,11 ובגנה זרועיה תצמיח
IS 62,01 עד יצא בנגה צדקה
IS 62,01 וישועתה בלפיד יבער
IS 63,02 ובגדיך בדרך בגת
IS 63,07 בעל כל אשר גמלנו יהוה
IS 63,07 אשר גמלם ברחמיו
IS 63,07 וברב חסדיו
IS 63,13 בסוס במדבר
IS 63,14 בבהמה בבקעה תרד
IS 64,01 בקדח אש המסים
IS 64,05 ונהי בטמא כלנו
IS 64,05 ובבגד עדים כל צדקתינו

IS 64,05 ונבל בעלה כלנו
IS 64,05 ועוננו ברוח ישאנו
IS 65,08 באשר ימצא התירוש באשכול
IS 65,22 כי בימי העץ ימי עמי
IS 65,25 זאב וטלה ירעו באחד
IS 65,25 ואריה בבקר יאכל תבן
IS 66,08 מי שמע בזאת
IS 66,08 מי ראה באלה
IS 66,12 הנני נטה אליה בנהר שלום
IS 66,12 ובנחל שוטף כבוד גוים
IS 66,13 באיש אשר אמו תנחמנו
IS 66,14 ועצמותיכם בדשא תפרחנה
IS 66,15 ובסופה מרכבתיו
IS 66,20 באשר יביאו בני ישראל את המנחה
IS 66,22 כי באשר השמים החדשים

* כאב * 1X NM.
IS 65,14 ואתם תצעקו מכאב לב

* כבד * 5X VB.
IS 58,13 לקדוש יהוה מכבד
IS 58,13 וכבדתו מעשות דרכיך
IS 59,01 ולא כבדה אזנו משמוע
IS 60,13 ומקום רגלי אכבד
IS 66,05 יכבד יהוה

* כבה * 1X VB.
IS 66,24 ואשם לא תכבה

* כבוד * 12X NM.
IS 58,08 כבוד יהוה יאספך
IS 59,19 וממזרח שמש את כבודו
IS 60,01 וכבוד יהוה עליך זרח
IS 60,02 וכבודו עליך יראה
IS 60,13 כבוד הלבנון אליך יבוא
IS 61,06 ובכבודם תתימרו
IS 62,02 וכל מלכים כבודך
IS 66,11 מזיז כבודה
IS 66,12 וכנחל שוטף כבוד גוים
IS 66,18 ובאו וראו את כבודי
IS 66,20 ולא ראו את כבודי
IS 66,19 והגידו את כבודי בגוים

* כה * 7X
IS 56,01 כה אמר יהוה
IS 56,04 כי כה אמר יהוה
IS 57,15 כי כה אמר רם ונשא
IS 65,08 כה אמר יהוה
IS 65,13 לכן כה אמר אדני יהוה
IS 66,01 כה אמר יהוה
IS 66,12 כי כה אמר יהוה

כהה *
1X NM.
IS 61,03 מעטה תהלה תחת רוח כהה

כהן *
1X VB.
IS 61,10 כחתן יכהן פאר

כהן *
2X NM.
IS 61,06 ואתם כהני יהוה תקראו
IS 66,21 וגם מהם אקח לכהנים ללוים

כובע *
1X NM.
IS 59,17 וכובע ישועה בראשו

כון *
1X VB.
IS 62,07 עד יכונן

כזב *
2X VB.
IS 57,11 כי תכזבי
IS 58,11 אשר לא יכזבו מימיו

כח *
1X NM.
IS 63,01 צעה ברב כחו

כחש *
1X VB.
IS 59,13 פשע וכחש ביהוה

כי *
59X
IS 56,01 כי קרובה ישועתי לבוא
IS 56,04 כי כה אמר יהוה
IS 56,07 כי ביתי בית תפלה יקרא לכל העמים
IS 57,01 כי מפני הרעה נאסף הצדיק
IS 57,08 כי מאתי גלית ותעלי
IS 57,11 כי תכזבי
IS 57,15 כי כה אמר רם ונשא
IS 57,16 כי לא לעולם אריב
IS 57,16 כי רוח מלפני יעטוף
IS 57,20 כי השקט לא יוכל
IS 58,07 כי תראה ערם וכסיתו
IS 58,14 כי פי יהוה דבר
IS 59,02 כי אם עונתיכם היו מבדלים
IS 59,03 כי כפיכם נגאלו בדם
IS 59,12 כי רבו פשעינו נגדך
IS 59,12 כי פשעינו אתנו
IS 59,14 כי כשלה ברחוב אמת
IS 59,15 כי אין משפט
IS 59,16 וירא כי אין איש
IS 59,16 וישתומם כי אין מפגיע
IS 59,19 כי יבוא כנהר צר
IS 60,01 קומי אורי כי בא אורך
IS 60,02 כי הנה החשך יכסה ארץ
IS 60,05 כי יהפך עליך המון ים
IS 60,09 כי לי איים יקוו
IS 60,09 ולקדוש ישראל כי פארך
IS 60,10 כי בקצפי הכיתיך

כי הגוי והממלכה אשר לא יעבדוך יאבדו IS 60,12
וידעת כי אני יהוה מושיעך IS 60,16
כי יהוה יהיה לך לאור עולם IS 60,20
כי אני יהוה אהב משפט IS 61,08
כי הם זרע ברך יהוה IS 61,09
כי הלבישני בגדי ישע IS 61,10
כי כארץ תוציא צמחה IS 61,11
כי לך יקרא חפצי בה IS 62,04
כי חפץ יהוה בך IS 62,04
כי יבעל בחור בתולה IS 62,05
כי מאספיו יאכלהו IS 62,09
כי יום נקם בלבי IS 63,04
כי אתה אבינו IS 63,16
כי אברהם לא ידענו IS 63,16
כי הסתרת פניך ממנו IS 64,06
אל תגש בי כי קדשתיך IS 65,05
לא אחשה כי אם שלמתי IS 65,06
כי ברכה בו IS 65,08
כי נשכחו הצרות הראשנות IS 65,16
וכי נסתרו מעיני IS 65,16
כי הנני בורא שמים חדשים IS 65,17
כי אם שישו וגילו עדי עד IS 65,18
כי הנני בורא את ירושלם גילה IS 65,18
כי הנער בן מאה שנה ימות IS 65,20
כי כימי העץ ימי עמי IS 65,22
כי זרע ברוכי יהוה המה IS 65,23
כי חלה גם ילדה IS 66,08
כי כה אמר יהוה IS 66,12
כי הנה יהוה באש יבוא IS 66,15
כי באש יהוה נשפט IS 66,16
כי כאשר השמים החדשים IS 66,22
כי תולעתם לא תמות IS 66,24

כל א SOX NM.

ושמר ידו מעשות כל רע IS 56,02
כל שמר שבת מחללו IS 56,06
כי ביתי בית תפלה יקרא לכל העמים IS 56,07
כל חיתו שדי IS 56,09
כל חיתו ביער IS 56,09
צפו עורים כלם IS 56,10
כלם כלבים אלמים IS 56,10
כלם לדרכם פנו IS 56,11
תחת כל עץ רענן IS 57,05
ואת כלם ישא רוח IS 57,13
וכל עצביכם תנגשו IS 58,03
וכל מוטה תנתקו IS 58,06
כל דרך בה לא ידע שלום IS 59,08
נהמה כדבים כלנו IS 59,11
כלם נקבצו באו לך IS 60,04
כלם משבא יבאו IS 60,06
כל צאן קדר יקבצו לך IS 60,07
והשתחוו על כפות רגליך כל מנאציך IS 60,14
ועמך כלם צדיקים IS 60,21

IS 61,02 לנחם כל אבלים
IS 61,09 כל ראיהם יכירום
IS 61,11 ותהלה נגד כל הגוים
IS 62,02 וכל מלכים כבודך
IS 62,06 כל היום וכל הלילה
IS 62,06 כל היום וכל הלילה
IS 63,03 וכל מלבושי אגאלתי
IS 63,07 כעל כל אשר גמלנו יהוה
IS 63,09 בכל צרתם
IS 63,09 כל ימי עולם
IS 64,05 ונהי כטמא כלנו
IS 64,05 וכבגד עדים כל צדקתינו
IS 64,05 ונבל כעלה כלנו
IS 64,07 ומעשה ידך כלנו
IS 64,08 הן הבט נא עמך כלנו
IS 64,10 וכל מחמדינו היה לחרבה
IS 65,02 פרשתי ידי כל היום
IS 65,05 אש יקדת כל היום
IS 65,08 לבלתי השחית הכל
IS 65,12 וכלכם לטבח תכרעו
IS 65,25 בכל הר קדשי
IS 66,02 ואת כל אלה ידי עשתה
IS 66,02 ויהיו כל אלה
IS 66,10 כל אהביה
IS 66,10 כל המתאבלים עליה
IS 66,16 ובחרבו את כל בשר
IS 66,18 באה לקבץ את כל הגוים והלשנות
IS 66,20 והביאו את כל אחיכם
IS 66,20 מכל הגוים מנחה ליהוה
IS 66,23 יבוא כל בשר
IS 66,24 והיו דראון לכל בשר

כלב * 3X NM.

IS 56,10 כלם כלבים אלמים
IS 56,11 והכלבים עזי נפש
IS 66,03 זובח השה ערף כלב

כלה * 2X NM.

IS 61,10 וככלה תעדה כליה
IS 62,05 ומשוש חתן על כלה

כלי * 3X NM.

IS 61,10 וככלה תעדה כליה
IS 65,04 ופרק פגלים כליהם
IS 66,20 בכלי טהור בית יהוה

כלמה * 1X NM.

IS 61,07 וכלמה ירנו חלקם

כן * 7X

IS 57,10 על כן לא חלית
IS 59,09 על כן רחק משפט ממנו
IS 61,11 כן אדני יהוה יצמיח צדקה

IS 63,14 כן נהגת עמך
IS 65,08 כן אעשה למען עבדי
IS 66,13 כן אנכי אנחמכם
IS 66,22 כן יעמד זרעכם ושמכם

כסא *
1X NM.
IS 66,01 השמים כסאי

כסה *
4X VB.
IS 58,07 כי תראה ערם וכסיתו
IS 59,06 ולא יתכסו במעשיהם
IS 60,02 כי הנה החשך יכסה ארץ
IS 60,06 שפעת גמלים תכסך

כסף *
2X NM.
IS 60,09 כספם וזהבם אתם
IS 60,17 ותחת הברזל אביא כסף

כעס *
1X VB.
IS 65,03 העם המכעיסים אותי

כף *
4X NM.
IS 59,03 כי כפיכם נגאלו בדם
IS 59,06 ופעל חמס בכפיהם
IS 60,14 והשתחוו על כפות רגליך כל מנאציך
IS 62,03 וצנוף מלוכה בכף אלהיך

כפף *
1X VB.
IS 58,05 הלכף כאגמן ראשו

כרכרות *
1X NM.
IS 66,20 ובפרדים ובכרכרות

כרם *
1X NM.
IS 65,21 ונטעו כרמים ואכלו פרים

כרם *
1X NM. I
IS 61,05 ובני נכר אכריכם וכרמיכם

כרע *
1X VB.
IS 65,12 וכלכם לטבח תכרעו

כרת *
3X VB.
IS 56,05 אשר לא יכרת
IS 57,08 ותכרת לך מהם
IS 61,08 וברית עולם אכרות להם

כשל *
3X VB.
IS 59,10 כשלנו בצהרים כנשף
IS 59,14 כי כשלה ברחוב אמת
IS 63,13 לא יכשלו

כתב * 1X VB.

IS 65,06 הנה כתובה לפני

ל * 175X

IS 56,01 כי קרובה ישועתי לבוא
IS 56,01 וצדקתי להגלות
IS 56,03 הנלוה אל יהוה לאמר
IS 56,04 לסריסים אשר ישמרו את שבתותי
IS 56,05 ונתתי להם בביתי ובחומתי יד ושם
IS 56,05 שם עולם אתן לו
IS 56,06 לשרתו ולאהבה את שם יהוה
IS 56,06 לשרתו ולאהבה את שם יהוה
IS 56,06 להיות לו לעבדים
IS 56,06 להיות לו לעבדים
IS 56,06 להיות לו לעבדים
IS 56,07 עולתיהם וזבחיהם לרצון על מזבחי
IS 56,07 כי ביתי בית תפלה יקרא לכל העמים
IS 56,08 עוד אקבץ עליו לנקבציו
IS 56,09 אתיו לאכל
IS 56,10 לא יוכלו לנבח
IS 56,10 אהבי לנום
IS 56,11 כלם לדרכם פנו
IS 56,11 איש לבצעו מקצהו
IS 57,06 גם להם שפכת נסך
IS 57,07 לזבח זבח
IS 57,08 ותכרת לך מהם
IS 57,09 ותשרי למלך בשמן
IS 57,15 להחיות רוח שפלים
IS 57,15 ולהחיות לב נדכאים
IS 57,16 כי לא לעולם אריב
IS 57,16 ולא לנצח אקצוף
IS 57,16 כי רוח מלפני יעטוף
IS 57,18 ואשלם נחמים לו ולאבליו
IS 57,18 ואשלם נחמים לו ולאבליו
IS 57,19 שלום שלום לרחוק ולקרוב
IS 57,19 שלום שלום לרחוק ולקרוב
IS 57,21 אין שלום אמר אלהי לרשעים
IS 58,01 והגד לעמי פשעם
IS 58,01 ולבית יעקב חטאתם
IS 58,04 הן לריב ומצה תצומו
IS 58,04 ולהכות באגרף רשע
IS 58,04 להשמיע במרום קולכם
IS 58,05 הלכף כאגמן ראשו
IS 58,05 הלזה תקרא צום
IS 58,05 ויום רצון ליהוה
IS 58,07 הלוא פרס לרעב לחמך
IS 58,08 והלך לפניך צדקך
IS 58,10 ותפק לרעב נפשך
IS 58,12 וקרא לך גדר פרץ
IS 58,12 משבב נתיבות לשבת
IS 58,13 וקראת לשבת ענג
IS 58,13 לקדוש יהוה מכבד
IS 59,02 בינכם לבין אלהיכם
IS 59,06 קוריהם לא יהיו לבגד

IS 59,07 רגליהם לרע ירצו
IS 59,07 וימהרו לשפך דם נקי
IS 59,08 נתיבותיהם עקשו להם
IS 59,09 נקוה לאור והנה חשך
IS 59,09 לנגהות באפלות נהלך
IS 59,11 נקוה למשפט ואין
IS 59,11 לישועה רחקה ממנו
IS 59,14 ונכחה לא תוכל לבוא
IS 59,16 ותושע לו זרעו
IS 59,18 חמה לצריו גמול לאיביו
IS 59,18 חמה לצריו גמול לאיביו
IS 59,18 לאיים גמול ישלם
IS 59,20 ובא לציון גואל
IS 59,20 ולשבי פשע ביעקב
IS 60,03 והלכו גוים לאורך
IS 60,03 ומלכים לנגה זרחך
IS 60,04 כלם נקבצו באו לך
IS 60,05 חיל גוים יבאו לך
IS 60,07 כל צאן קדר יקבצו לך
IS 60,09 כי לי איים יקוו
IS 60,09 להביא בניך מרחוק
IS 60,09 לשם יהוה אלהיך
IS 60,09 ולקדוש ישראל כי פארך
IS 60,11 להביא אליך חיל גוים
IS 60,13 לפאר מקום מקדשי
IS 60,14 וקראו לך עיר יהוה
IS 60,15 ושמתיך לגאון עולם
IS 60,19 לא יהיה לך עוד השמש לאור יומם
IS 60,19 לא יהיה לך עוד השמש לאור יומם
IS 60,19 ולנגה הירח לא יאיר לך
IS 60,19 ולנגה הירח לא יאיר לך
IS 60,19 והיה לך יהוה לאור עולם
IS 60,19 והיה לך יהוה לאור עולם
IS 60,19 ואלהיך לתפארתך
IS 60,20 כי יהוה יהיה לך לאור עולם
IS 60,20 כי יהוה יהיה לך לאור עולם
IS 60,21 לעולם יירשו ארץ
IS 60,21 מעשה ידי להתפאר
IS 60,22 הקטן יהיה לאלף
IS 60,22 והצעיר לגוי עצום
IS 61,01 לבשר ענוים שלחני
IS 61,01 לחבש לנשברי לב
IS 61,01 לחבש לנשברי לב
IS 61,01 לקרא לשבוים דרור
IS 61,01 לקרא לשבוים דרור
IS 61,01 ולאסורים פקח קוח
IS 61,02 לקרא שנת רצון ליהוה
IS 61,02 לקרא שנת רצון ליהוה
IS 61,02 ויום נקם לאלהינו
IS 61,02 לנחם כל אבלים
IS 61,03 לשום לאבלי ציון
IS 61,03 לשום לאבלי ציון
IS 61,03 לתת להם פאר תחת אפר

IS 61,03	לתת להם פאר תחת אפר
IS 61,03	וקרא להם אילי הצדק
IS 61,03	מטע יהוה להתפאר
IS 61,06	משרתי אלהינו יאמר לכם
IS 61,07	שמחת עולם תהיה להם
IS 61,08	וברית עולם אכרות להם
IS 62,02	וקרא לך שם חדש
IS 62,04	לא יאמר לך עוד עזובה
IS 62,04	ולארצך לא יאמר עוד שממה
IS 62,04	כי לך יקרא חפצי בה
IS 62,04	ולארצך בעולה
IS 62,06	אל דמי לכם
IS 62,07	ואל תתנו דמי לו
IS 62,08	מאכל לאיביך
IS 62,11	אמרו לבת ציון
IS 62,11	ופעלתו לפניו
IS 62,12	וקראו להם עם הקדש
IS 62,12	ולך יקרא דרושה
IS 63,01	רב להושיע
IS 63,02	מדוע אדם ללבושך
IS 63,03	פורה דרכתי לבדי
IS 63,05	ותושע לי זרעי
IS 63,06	ואוריד לארץ נצחם
IS 63,07	ורב טוב לבית ישראל
IS 63,08	ויהי להם למושיע
IS 63,08	ויהי להם למושיע
IS 63,09	לא צר ומלאך
IS 63,10	ויהפך להם לאויב
IS 63,10	ויהפך להם לאויב
IS 63,12	מוליך לימין משה
IS 63,12	לעשות לו שם עולם
IS 63,12	לעשות לו שם עולם
IS 63,14	לעשות לך שם תפארת
IS 63,14	לעשות לך שם תפארת
IS 63,18	למצער ירשו עם קדשך
IS 64,01	להודיע שמך לצריך
IS 64,01	להודיע שמך לצריך
IS 64,03	יעשה למחכה לו
IS 64,03	יעשה למחכה לו
IS 64,06	מתעורר להחזיק בך
IS 64,08	ואל לעד תזכר עון
IS 64,10	היה לשרפת אש
IS 64,10	וכל מחמדינו היה לחרבה
IS 65,01	נדרשתי ללוא שאלו
IS 65,01	נמצאתי ללא בקשני
IS 65,06	הנה כתובה לפני
IS 65,08	לבלתי השחית הכל
IS 65,10	והיה השרון לנוה צאן
IS 65,10	ועמק עכור לרבץ בקר
IS 65,10	לעמי אשר דרשוני
IS 65,11	הערכים לגד שלחן
IS 65,11	והממלאים למני ממסך
IS 65,12	ומניתי אתכם לחרב

IS 65,12 וכלכם לטבח תברעו
IS 65,15 והנחתם שמכם לשבועה לבחירי
IS 65,15 והנחתם שמכם לשבועה לבחירי
IS 65,15 ולעבדיו יקרא שם אחר
IS 65,23 לא ייגעו לריק
IS 65,23 ולא ילדו לבהלה
IS 66,01 אי זה בית אשר תבנו לי
IS 66,04 ומגורתם אביא להם
IS 66,06 גמול לאיביו
IS 66,07 בטרם יבוא חבל לה
IS 66,15 להשיב בחמה אפו
IS 66,18 באה לקבץ את כל הגוים והלשנות
IS 66,20 מכל הגוים מנחה ליהוה
IS 66,21 וגם מהם אקח לכהנים ללוים
IS 66,21 וגם מהם אקח לכהנים ללוים
IS 66,22 עמדים לפני
IS 66,23 להשתחות לפני
IS 66,23 להשתחות לפני
IS 66,24 והיו דראון לכל בשר

82X לא *

IS 56,05 אשר לא יכרת
IS 56,10 לא ידעו
IS 56,10 לא יוכלו לנבח
IS 56,11 לא ידעו שבעה
IS 56,11 לא ידעו הבין
IS 57,04 הלוא אתם ילדי פשע
IS 57,10 לא אמרת נואש
IS 57,10 על כן לא חלית
IS 57,11 ואותי לא זכרת
IS 57,11 לא שמת על לבך
IS 57,11 הלא אני מחשה ומעלם
IS 57,11 ואותי לא תיראי
IS 57,12 ולא יועילוך
IS 57,16 כי לא לעולם אריב
IS 57,16 ולא לנצח אקצוף
IS 57,20 כי השקט לא יוכל
IS 58,02 ומשפט אלהיו לא עזב
IS 58,03 למה צמנו ולא ראית
IS 58,03 עינינו נפשנו ולא תדע
IS 58,04 לא תצומו כיום
IS 58,06 הלוא זה צום אבחרהו
IS 58,07 הלוא פרס לרעב לחמך
IS 58,07 ומבשרך לא תתעלם
IS 58,11 אשר לא יכזבו מימיו
IS 59,01 הן לא קצרה יד יהוה מהושיע
IS 59,01 ולא כבדה אזנו משמוע
IS 59,06 קוריהם לא יהיו לבגד
IS 59,06 ולא יתכסו במעשיהם
IS 59,08 דרך שלום לא ידעו
IS 59,08 כל דרך בה לא ידע שלום
IS 59,09 ולא תשיגנו צדקה
IS 59,14 ונכחה לא תוכל לבוא

IS 59,21 לא ימושו מפיך
IS 60,11 יומם ולילה לא יסגרו
IS 60,12 כי הגוי והממלכה אשר לא יעבדוך יאבדו
IS 60,18 לא ישמע עוד חמס בארצך
IS 60,19 לא יהיה לך עוד השמש לאור יומם
IS 60,19 ולנגה הירח לא יאיר לך
IS 60,20 לא יבוא עוד שמשך
IS 60,20 וירחך לא יאסף
IS 62,01 למען ציון לא אחשה
IS 62,01 ולמען ירושלם לא אשקוט
IS 62,04 לא יאמר לך עוד עזובה
IS 62,04 ולארצך לא יאמר עוד שממה
IS 62,06 תמיד לא יחשו
IS 62,12 עיר לא נעזבה
IS 63,08 בנים לא ישקרו
IS 63,13 לא יכשלו
IS 63,16 כי אברהם לא ידענו
IS 63,16 וישראל לא יכירנו
IS 63,19 היינו מעולם לא משלת בם
IS 63,19 לא נקרא שמך עליהם
IS 64,02 בעשותך נוראות לא נקוה
IS 64,03 ומעולם לא שמעו
IS 64,03 לא האזינו
IS 64,03 עין לא ראתה אלהים זולתך
IS 65,01 נדרשתי ללוא שאלו
IS 65,01 נמצאתי ללא בקשני
IS 65,01 אל גוי לא קרא בשמי
IS 65,02 ההלכים הדרך לא טוב
IS 65,06 לא אחשה כי אם שלמתי
IS 65,12 יען קראתי ולא עניתם
IS 65,12 דברתי ולא שמעתם
IS 65,12 ובאשר לא חפצתי בחרתם
IS 65,17 ולא תזכרנה הראשנות
IS 65,17 ולא תעלינה על לב
IS 65,19 ולא ישמע בה עוד קול בכי
IS 65,20 לא יהיה משם עוד עול ימים
IS 65,20 וזקן אשר לא ימלא את ימיו
IS 65,22 לא יבנו ואחר ישב
IS 65,22 לא יטעו ואחר יאכל
IS 65,23 לא ייגעו לריק
IS 65,23 ולא ילדו לבהלה
IS 65,25 לא ירעו ולא ישחיתו
IS 65,25 לא ירעו ולא ישחיתו
IS 66,04 דברתי ולא שמעו
IS 66,04 ובאשר לא חפצתי בחרו
IS 66,09 האני אשביר ולא אוליד
IS 66,19 אשר לא שמעו את שמעי
IS 66,20 ולא ראו את כבודי
IS 66,24 כי תולעתם לא תמות
IS 66,24 ואשם לא תכבה

לאם ✱

1X NM.

IS 60,02 וערפל לאמים

לב ✱

12X NM.

IS 57,01 ואין איש שם על לב
IS 57,11 לא שמת על לבך
IS 57,15 ולהחיות לב נדכאים
IS 57,17 וילך שובב בדרך לבו
IS 59,13 הרו והגו מלב דברי שקר
IS 61,01 לחבש לנשברי לב
IS 63,04 כי יום נקם בלבי
IS 63,17 תקשיח לבנו מיראתך
IS 65,14 מטוב לב
IS 65,14 ואתם תצעקו מכאב לב
IS 65,17 ולא תעלינה על לב
IS 66,14 וראיתם ושש לבכם

לבב ✱

1X NM.

IS 60,05 ופחד ורחב לבבך

לבוש ✱

2X NM.

IS 63,01 זה הדור בלבושו
IS 63,02 מדוע אדם ללבושך

לבנה ✱

1X NM.

IS 65,03 ומקטרים על הלבנים

לבנה ✱

2X NM. I

IS 60,06 זהב ולבונה ישאו
IS 66,03 מזכיר לבנה מברך און

לבנון ✱

1X NP.

IS 60,13 כבוד הלבנון אליך יבוא

לבש ✱

3X VB.

IS 59,17 וילבש צדקה כשרין
IS 59,17 וילבש בגדי נקם תלבשת
IS 61,10 כי הלבישני בגדי ישע

להב ✱

1X NM.

IS 66,15 וגערתו בלהבי אש

לו ✱

1X

IS 63,19 לוא קרעת שמים ירדת

לוד ✱

1X NP.

IS 66,19 תרשיש פול ולוד משכי קשת תבל ויון

לוה ✱

2X VB.

IS 56,03 הנלוה אל יהוה לאמר
IS 56,06 ובני הנכר הנלוים על יהוה

לוי *

1X NM.
IS 66,21 וגם מהם אקח לכהנים ללוים

לחם *

1X VB.
IS 63,10 הוא נלחם בם

לחם *

2X NM.
IS 58,07 הלוא פרס לרעב לחמך
IS 65,25 ונחש עפר לחמו

לילה *

2X NM.
IS 60,11 יומם ולילה לא יסגרו
IS 62,06 כל היום וכל הלילה

לין *

1X VB.
IS 65,04 ובנצורים ילינו

לכן *

2X
IS 61,07 לכן בארצם משנה יירשו
IS 65,13 לכן כה אמר אדני יהוה

למה *

2X
IS 58,03 למה צמנו ולא ראית
IS 63,17 למה תתענו יהוה מדרכיך

למען *

7X
IS 62,01 למען ציון לא אחשה
IS 62,01 ולמען ירושלם לא אשקוט
IS 63,17 שוב למען עבדיך
IS 65,08 כן אעשה למען עבדי
IS 66,05 מנדיכם למען שמי
IS 66,11 למען תינקו ושבעתם
IS 66,11 למען תמצו והתענגתם

לפיד *

1X NM.
IS 62,01 וישועתה כלפיד יבער

לקח *

3X VB.
IS 56,12 אתיו אקחה יין
IS 57,13 יקח הבל
IS 66,21 וגם מהם אקח לכהנים ללוים

לשון *

3X NM.
IS 57,04 תאריכו לשון
IS 59,03 לשונכם עולה תהגה
IS 66,18 באה לקבץ את כל הגוים והלשנות

מאד *

3X
IS 56,12 גדול יתר מאד
IS 64,08 אל תקצף יהוה עד מאד
IS 64,11 תחשה ותעננו עד מאד

מאה *
2X NM.
IS 65,20 כי הנער בן מאה שנה ימות
IS 65,20 והחוטא בן מאה שנה יקלל

מאכל *
1X NM.
IS 62,08 מאכל לאיביך

מגורה *
1X NM.
IS 66,04 ומגורתם אביא להם

מדבר *
3X NM.
IS 63,13 כסוס במדבר
IS 64,09 ערי קדשך היו מדבר
IS 64,09 ציון מדבר היתה

מדד *
1X VB.
IS 65,07 ומדתי פעלתם ראשנה

מדוע *
1X
IS 63,02 מדוע אדם ללבושך

מדין *
1X NP.
IS 60,06 בכרי מדין ועיפה

מהר *
1X VB.
IS 59,07 וימהרו לשפך דם נקי

מהרה *
1X
IS 58,08 וארכתך מהרה תצמח

מוג *
1X VB.
IS 64,06 ותמוגנו ביד עוננו

מוטה *
3X NM.
IS 58,06 התר אגדות מוטה
IS 58,06 וכל מוטה תנתקו
IS 58,09 אם תסיר מתוכך מוטה

מוסד *
1X NM.
IS 58,12 מוסדי דור ודור תקומם

מוצא *
1X NM.
IS 58,11 וכמוצא מים

מוש *
1X VB.
IS 59,21 לא ימושו מפיך

מות *
5X VB.
IS 59,05 האכל מביציהם ימות
IS 59,10 באשמנים כמתים
IS 65,15 והמיתך אדני יהוה
IS 65,20 כי הנער בן מאה שנה ימות
IS 66,24 כי תולעתם לא תמות

מזבח * 2X NM.
IS 56,07 עולתיהם וזבחיהם לרצון על מזבחי
IS 60,07 יעלו על רצון מזבחי

מזוזה * 1X NM.
IS 57,08 ואחר הדלת והמזוזה

מזרח * 1X NM.
IS 59,19 וממזרח שמש את כבודו

מחמד * 1X NM.
IS 64,10 וכל מחמדינו היה לחרבה

מחר * 1X NM.
IS 56,12 והיה כזה יום מחר

מחשבה * 4X NM.
IS 59,07 מחשבותיהם מחשבות און
IS 59,07 מחשבותיהם מחשבות און
IS 65,02 אחר מחשבתיהם
IS 66,18 ואנכי מעשיהם ומחשבתיהם

מטע * 2X NM.
IS 60,21 נצר מטעו
IS 61,03 מטע יהוה להתפאר

מי * 7X
IS 57,04 על מי תתענגו
IS 57,04 על מי תרחיבו פה
IS 57,11 ואת מי דאגת ותיראי
IS 60,08 מי אלה כעב תעופינה
IS 63,01 מי זה בא מאדום
IS 66,08 מי שמע כזאת
IS 66,08 מי ראה כאלה

מים * 5X NM.
IS 57,20 ויגרשו מימיו רפש וטיט
IS 58,11 וכמוצא מים
IS 58,11 אשר לא יכזבו מימיו
IS 63,12 בוקע מים מפניהם
IS 64,01 מים תבעה אש

מכשול * 1X NM.
IS 57,14 הרימו מכשול מדרך עמי

מלא * 2X VB.
IS 65,11 והממלאים למני ממסך
IS 65,20 וזקן אשר לא ימלא את ימיו

מלאך * 1X NM.
IS 63,09 לא צר ומלאך

מלבוש *

1X NM.

IS 63,03 וכל מלבושי אגאלתי

מלוכה *

1X NM.

IS 62,03 וצנוף מלוכה בכף אלהיך

מלט *

1X VB.

IS 66,07 והמליטה זכר

מלך *

6X NM.

IS 57,09 ותשרי למלך בשמן
IS 60,03 ומלכים לנגה זרחך
IS 60,10 ומלכיהם ישרתונך
IS 60,11 ומלכיהם נהוגים
IS 60,16 ושד מלכים תינקי
IS 62,02 וכל מלכים כבודך

ממלכה *

1X NM.

IS 60,12 כי הגוי והממלכה אשר לא יעבדוך יאבדו

ממסך *

1X NM.

IS 65,11 והממלאים למני ממסך

מן *

73X

IS 56,02 שמר שבת מחללו
IS 56,02 ושמר ידו מעשות כל רע
IS 56,03 הבדל יבדילני יהוה מעל עמו
IS 56,05 טוב מבנים ומבנות
IS 56,05 טוב מבנים ומבנות
IS 56,06 כל שמר שבת מחללו
IS 56,11 איש לבצעו מקצהו
IS 57,01 כי מפני הרעה נאסף הצדיק
IS 57,08 כי מאתי גלית ותעלי
IS 57,08 ותכרת לך מהם
IS 57,09 ותשלחי ציריך עד מרחק
IS 57,11 הלא אני מחשה ומעלם
IS 57,14 הרימו מכשול מדרך עמי
IS 57,16 כי רוח מלפני יעטוף
IS 58,07 ומבשרך לא תתעלם
IS 58,09 אם תסיר מתוכך מוטה
IS 58,12 ובנו ממך חרבות עולם
IS 58,13 אם תשיב משבת רגלך
IS 58,13 וכבדתו מעשות דרכיך
IS 58,13 ממצוא חפצך ודבר דבר
IS 59,01 הן לא קצרה יד יהוה מהושיע
IS 59,01 ולא כבדה אזנו משמוע
IS 59,02 מכם משמוע
IS 59,02 מכם משמוע
IS 59,05 האכל מביציהם ימות
IS 59,09 על כן רחק משפט ממנו
IS 59,11 לישועה רחקה ממנו
IS 59,13 ונסוג מאחר אלהינו
IS 59,13 הרו והגו מלב דברי שקר
IS 59,14 וצדקה מרחוק תעמד

IS 59,15 וסר מרע משתולל
IS 59,19 וייראו ממערב את שם יהוה
IS 59,19 וממזרח שמש את כבודו
IS 59,21 לא ימושו מפיך
IS 59,21 ומפי זרעך
IS 59,21 ומפי זרע זרעך
IS 59,21 מעתה ועד עולם
IS 60,04 בניך מרחוק יבאו
IS 60,06 כלם משבא יבאו
IS 60,09 להביא בניך מרחוק
IS 62,10 סקלו מאבן
IS 63,01 מי זה בא מאדום
IS 63,01 חמוץ בגדים מבצרה
IS 63,03 ומעמים אין איש אתי
IS 63,11 איה המעלם מים
IS 63,12 בוקע מים מפניהם
IS 63,15 הבט משמים וראה
IS 63,15 מזבל קדשך ותפארתך
IS 63,16 גאלנו מעולם שמך
IS 63,17 למה תתענו יהוה מדרכיך
IS 63,17 תקשיח לבנו מיראתך
IS 63,19 היינו מעולם לא משלת בם
IS 63,19 מפניך הרים נזלו
IS 64,01 מפניך גוים ירגזו
IS 64,02 ירדת מפניך הרים נזלו
IS 64,03 ומעולם לא שמעו
IS 64,06 כי הסתרת פניך ממנו
IS 65,09 והוצאתי מיעקב זרע
IS 65,09 ומיהודה יורש הרי
IS 65,14 מטוב לב
IS 65,14 ואתם תצעקו מכאב לב
IS 65,14 ומשבר רוח תילילו
IS 65,16 וכי נסתרו מעיני
IS 65,20 לא יהיה משם עוד עול ימים
IS 66,06 קול שאון מעיר
IS 66,06 קול מהיכל
IS 66,11 משד תנחמיה
IS 66,11 מזיז כבודה
IS 66,19 ושלחתי מהם פליטים אל הגוים
IS 66,20 מכל הגוים מנחה ליהוה
IS 66,21 וגם מהם אקח לכהנים ללוים
IS 66,23 והיה מדי חדש בחדשו
IS 66,23 ומדי שבת בשבתו

1X VB. מנה *

IS 65,12 ומניתי אתכם לחרב

1X NM. מנוחה *

IS 66,01 ואי זה מקום מנוחתי

מנחה *

4X NM.

IS 57,06 העלית מנחה
IS 66,03 מעלה מנחה דם חזיר
IS 66,20 מכל הגוים מנחה ליהוה
IS 66,20 כאשר יביאו בני ישראל את המנחה

מני *

1X NP.

IS 65,11 והממלאים למני ממסך

מסלה *

2X NM.

IS 59,07 שד ושבר במסלותם
IS 62,10 סלו סלו המסלה

מעגל *

1X NM.

IS 59,08 ואין משפט במעגלותם

מעטה *

1X NM.

IS 61,03 מעטה תהלה תחת רוח כהה

מעיל *

2X NM.

IS 59,17 ויעט כמעיל קנאה
IS 61,10 מעיל צדקה יעטני

מעים *

1X NM.

IS 63,15 המון מעיך

מערב *

1X NM.

IS 59,19 וייראו ממערב את שם יהוה

מעשה *

8X NM.

IS 57,12 ואת מעשיך
IS 59,06 ולא יתכסו במעשיהם
IS 59,06 מעשיהם מעשי און
IS 59,06 מעשיהם מעשי און
IS 60,21 מעשה ידי להתפאר
IS 64,07 ומעשה ידך כלנו
IS 65,22 ומעשה ידיהם יבלו בחירי
IS 66,18 ואנכי מעשיהם ומחשבתיהם

מצא *

5X VB.

IS 57,10 חית ידך מצאת
IS 58,03 הן ביום צמכם תמצאו חפץ
IS 58,13 ממצוא חפצך ודבר דבר
IS 65,01 נמצאתי ללא בקשני
IS 65,08 כאשר ימצא התירוש באשכול

מצה *

1X NM. I

IS 58,04 הן לריב ומצה תצומו

מצער *

1X NM.

IS 63,18 למצער ירשו עם קדשך

מצץ *

1X VB.

IS 66,11 למען תמצו והתענגתם

מקדש *

2X NM.

IS 60,13 לפאר מקום מקדשי

IS 63,18 צרינו בוססו מקדשך

מקום *

3X NM.

IS 60,13 לפאר מקום מקדשי

IS 60,13 ומקום רגלי אכבד

IS 66,01 ואי זה מקום מנוחתי

מרה *

1X VB.

IS 63,10 והמה מרו ועצבו

מרוד *

1X NM.

IS 58,07 ועניים מרודים תביא בית

מרום *

2X NM.

IS 57,15 מרום וקדוש אשכון

IS 58,04 להשמיע במרום קולכם

מרכבה *

1X NM.

IS 66,15 וכסופה מרכבתיו

מרק *

1X NM.

IS 65,04 ופרק פגלים כליהם

משוש *

4X NM.

IS 60,15 משוש דור ודור

IS 62,05 ומשוש חתן על כלה

IS 65,18 ועמה משוש

IS 66,10 שישו אתה משוש

משה *

2X NP.

IS 63,11 משה עמו

IS 63,12 מוליך לימין משה

משח *

1X VB.

IS 61,01 יען משח יהוה אתי

משך *

1X VB.

IS 66,19 תרשיש פול ולוד משכי קשת תבל ויון

משכב *

4X NM.

IS 57,02 ינוחו על משכבותם

IS 57,07 שמת משכבך

IS 57,08 הרחבת משכבך

IS 57,08 אהבת משכבם

משל *

1X VB.

IS 63,19 היינו מעולם לא משלת בם

משנה *

2X NM.

IS 61,07 תחת בשתכם משנה
IS 61,07 לכן בארצם משנה יירשו

משפט *

9X NM.

IS 56,01 שמרו משפט ועשו צדקה
IS 58,02 ומשפט אלהיו לא עזב
IS 58,02 ישאלוני משפטי צדק
IS 59,08 ואין משפט במעגלותם
IS 59,09 על כן רחק משפט ממנו
IS 59,11 נקוה למשפט ואין
IS 59,14 והסג אחור משפט
IS 59,15 כי אין משפט
IS 61,08 כי אני יהוה אהב משפט

נא *

1X

IS 64,08 הן הבט נא עמך כלנו

נאם *

5X NM.

IS 56,08 נאם אדני יהוה
IS 59,20 נאם יהוה
IS 66,02 נאם יהוה
IS 66,17 נאם יהוה
IS 66,22 נאם יהוה

נאף *

1X VB.

IS 57,03 זרע מנאף ותזנה

נאץ *

1X VB.

IS 60,14 והשתחוו על כפות רגליך כל מנאציך

נבח *

1X VB.

IS 56,10 לא יוכלו לנבח

נבט *

4X VB.

IS 63,05 ואביט ואין עזר
IS 63,15 הבט משמים וראה
IS 64,08 הן הבט נא עמך כלנו
IS 66,02 ואל זה אביט אל עני

נביות *

1X NP.

IS 60,07 אילי נביות ישרתונך

נגד *

3X VB.

IS 57,12 אני אגיד צדקתך
IS 58,01 והגד לעמי פשעם
IS 66,19 והגידו את כבודי בגוים

נגד *

2X NM.

IS 59,12 כי רבו פשעינו נגדך
IS 61,11 ותהלה נגד כל הגוים

נגה *
3X NM.
IS 60,03 ומלכים לנגה זרחך
IS 60,19 ולנגה הירח לא יאיר לך
IS 62,01 עד יצא כנגה צדקה

נגהה *
1X NM.
IS 59,09 לנגהות באפלות נהלך

נגש *
2X VB.
IS 58,03 וכל עצביכם תנגשו
IS 60,17 ונגשיך צדקה

נגש *
1X VB.
IS 65,05 אל תגש בי כי קדשתיך

נדה *
1X VB.
IS 66,05 מנדיכם למען שמי

נדח *
1X VB.
IS 56,08 מקבץ נדחי ישראל

נהג *
2X VB.
IS 60,11 ומלכיהם נהוגים
IS 63,14 כן נהגת עמך

נהר *
2X NM.
IS 59,19 כי יבוא כנהר צר
IS 66,12 הנני נטה אליה כנהר שלום

נהר *
1X VB. I
IS 60,05 אז תראי ונהרת

נוה *
1X NM.
IS 65,10 והיה השרון לנוה צאן

נוח *
3X VB.
IS 57,02 ינוחו על משכבותם
IS 63,14 רוח יהוה תניחנו
IS 65,15 והנחתם שמכם לשבועה לבחירי

נום *
1X VB.
IS 56,10 אהבי לנום

נוס *
1X VB.
IS 59,19 רוח יהוה נססה בו

נזה *
1X VB.
IS 63,03 ויז נצחם על בגדי

נחה *
2X VB.
IS 57,18 ואנחהו
IS 58,11 ונחך יהוה תמיד

נחל *

1X VB.
IS 57,13 והחוסה בי ינחל ארץ

נחל *

3X NM.
IS 57,05 שחטי הילדים בנחלים
IS 57,06 בחלקי נחל חלקך
IS 66,12 וכנחל שוטף כבוד גוים

נחלה *

2X NM.
IS 58,14 והאכלתיך נחלת יעקב אביך
IS 63,17 שבטי נחלתך

נחם *

5X VB.
IS 57,06 העל אלה אנחם
IS 61,02 לנחם כל אבלים
IS 66,13 כאיש אשר אמו תנחמנו
IS 66,13 כן אנכי אנחמכם
IS 66,13 ובירושלם תנחמו

נחמים *

1X NM.
IS 57,18 ואשלם נחמים לו ולאבליו

נחש *

1X NM.
IS 65,25 ונחש עפר לחמו

נחשת *

2X NM.
IS 60,17 תחת הנחשת אביא זהב
IS 60,17 ותחת העצים נחשת

נטה *

1X VB.
IS 66,12 הנני נטה אליה כנהר שלום

נטל *

1X VB.
IS 63,09 וינטלם וינשאם

נטע *

2X VB.
IS 65,21 ונטעו כרמים ואכלו פרים
IS 65,22 לא יטעו ואחר יאכל

ניב *

1X NM.
IS 57,19 בורא נוב שפתים

נכה *

4X VB.
IS 57,17 ואכהו הסתר ואקצף
IS 58,04 ולהכות באגרף רשע
IS 60,10 כי בקצפי הכיתיך
IS 66,03 שוחט השור מכה איש

נכה *

1X NM.
IS 66,02 ונכה רוח וחרד על דברי

נכח *
2X NM.
IS 57,02 הלך נכחו
IS 59,14 ונכחה לא תוכל לבוא

נכר *
2X VB.
IS 61,09 כל ראיהם יכירום
IS 63,16 וישראל לא יכירנו

נכר *
5X NM.
IS 56,03 ואל יאמר בן הנכר
IS 56,06 ובני הנכר הנלוים על יהוה
IS 60,10 ובנו בני נכר חמתיך
IS 61,05 ובני נכר אכריכם וכרמיכם
IS 62,08 ואם ישתו בני נכר תירושך

נס *
1X NM.
IS 62,10 הרימו נס על העמים

נסך *
1X NM.
IS 57,06 גם להם שפכת נסך

נער *
1X NM.
IS 65,20 כי הנער בן מאה שנה ימות

נפש *
8X NM.
IS 56,11 והכלבים עזי נפש
IS 58,03 ענינו נפשנו ולא תדע
IS 58,05 יום ענות אדם נפשו
IS 58,10 ותפק לרעב נפשך
IS 58,10 ונפש נענה תשביע
IS 58,11 והשביע בצחצחות נפשך
IS 61,10 תגל נפשי באלהי
IS 66,03 ובשקוציהם נפשם חפצה

נצורים *
1X NM.
IS 65,04 ובנצורים ילינו

נצח *
1X NM.
IS 57,16 ולא לנצח אקצוף

נצח *
2X NM. I
IS 63,03 ויז נצחם על בגדי
IS 63,06 ואוריד לארץ נצחם

נצל *
1X VB.
IS 57,13 בזעקך יצילך קבוציך

נצר *
1X NM.
IS 60,21 נצר מטעו

נקב *
1X VB.
IS 62,02 אשר פי יהוה יקבנו

נקי *
1X NM.
IS 59,07 וימהרו לשפך דם נקי

נקם *
3X NM.
IS 59,17 וילבש בגדי נקם תלבשת
IS 61,02 ויום נקם לאלהינו
IS 63,04 כי יום נקם בלבי

נשא *
8X VB.
IS 57,07 על הר גבה ונשא
IS 57,13 ואת כלם ישא רוח
IS 57,15 כי כה אמר רם ונשא
IS 60,04 שאי סביב עיניך וראי
IS 60,06 זהב ולבונה ישאו
IS 63,09 וינטלם וינשאם
IS 64,05 ועוננו כרוח ישאנו
IS 66,12 על צד תנשאו

נשג *
1X VB.
IS 59,09 ולא תשיגנו צדקה

נשמה *
1X NM.
IS 57,16 ונשמות אני עשיתי

נשף *
1X NM.
IS 59,10 כשלנו בצהרים כנשף

נתיבה *
2X NM.
IS 58,12 משבב נתיבות לשבת
IS 59,08 נתיבותיהם עקשו להם

נתן *
6X VB.
IS 56,05 ונתתי להם בביתי ובחומתי יד ושם
IS 56,05 שם עולם אתן לו
IS 61,03 לתת להם פאר תחת אפר
IS 61,08 ונתתי פעלתם באמת
IS 62,07 ואל תתנו דמי לו
IS 62,08 אם אתן את דגנך עוד

נתק *
1X VB.
IS 58,06 וכל מוטה תנתקו

נתר *
1X VB.
IS 58,06 התר אגדות מוטה

סבא *
1X VB.
IS 56,12 ונסבאה שכר

סביב *
1X NM.
IS 60,04 שאי סביב עיניך וראי

סגר * 1X VB.
IS 60,11 יומם ולילה לא יסגרו

סוג * 2X VB.
IS 59,13 ונסוג מאחר אלהינו
IS 59,14 והסג אחור משפט

סוס * 2X NM.
IS 63,13 כסוס במדבר
IS 66,20 בסוסים וברכב ובצבים

סוף * 1X VB.
IS 66,17 יחדו יספו

סופה * 1X NM.
IS 66,15 וכסופה מרכבתיו

סור * 2X VB.
IS 58,09 אם תסיר מתוכך מוטה
IS 59,15 וסר מרע משתולל

סלל * 4X VB.
IS 57,14 סלו סלו פנו דרך
IS 57,14 סלו סלו פנו דרך
IS 62,10 סלו סלו המסלה
IS 62,10 סלו סלו המסלה

סלע * 1X NM.
IS 57,05 תחת סעפי הסלעים

סמך * 3X VB.
IS 59,16 וצדקתו היא סמכתהו
IS 63,05 ואשתומם ואין סומך
IS 63,05 וחמתי היא סמכתני

סעיף * 1X NM.
IS 57,05 תחת סעפי הסלעים

סקל * 1X VB.
IS 62,10 סקלו מאבן

סרה * 1X NM.
IS 59,13 דבר עשק וסרה

סריס * 2X NM.
IS 56,03 ואל יאמר הסריס
IS 56,04 לסריסים אשר ישמרו את שבתותי

סרר * 1X VB.
IS 65,02 אל עם סורר

סתר * 4X VB.

IS 57,17 ואכהו הסתר ואקצף
IS 59,02 וחטאותיכם הסתירו פנים
IS 64,06 כי הסתרת פניך ממנו
IS 65,16 וכי נסתרו מעיני

עב * 1X NM.

IS 60,08 מי אלה כעב תעופינה

עבד * 1X VB.

IS 60,12 כי הגוי והממלכה אשר לא יעבדוך יאבדו

עבד * 10X NM.

IS 56,06 להיות לו לעבדים
IS 63,17 שוב למען עבדיך
IS 65,08 כן אעשה למען עבדי
IS 65,09 ועבדי ישכנו שמה
IS 65,13 הנה עבדי יאכלו
IS 65,13 הנה עבדי ישתו
IS 65,13 הנה עבדי ישמחו
IS 65,14 הנה עבדי ירנו
IS 65,15 ולעבדיו יקרא שם אחר
IS 66,14 ונודעה יד יהוה את עבדיו

עבר * 3X VB.

IS 60,15 ושנואה ואין עובר
IS 62,10 עברו עברו בשערים
IS 62,10 עברו עברו בשערים

עד * 8X

IS 57,09 ותשלחי ציריך עד מרחק
IS 57,09 ותשפילי עד שאול
IS 59,21 מעתה ועד עולם
IS 62,01 עד יצא כנגה צדקה
IS 62,07 עד יכונן
IS 62,07 ועד ישים את ירושלם
IS 64,08 אל תקצף יהוה עד מאד
IS 64,11 תחשה ותעננו עד מאד

עד * 4X NM.

IS 57,15 שכן עד וקדוש שמו
IS 64,08 ואל לעד תזכר עון
IS 65,18 כי אם שישו וגילו עדי עד
IS 65,18 כי אם שישו וגילו עדי עד

עדה * 1X VB.

IS 61,10 וככלה תעדה כליה

עדה * 1X NM. II

IS 64,05 וכבגד עדים כל צדקתינו

עדר * — 1X VB.

IS 59,15 ותהי האמת נעדרת

עוד * — 10X NM.

IS 56,08 עוד אקבץ עליו לנקבציו
IS 60,18 לא ישמע עוד חמס בארצך
IS 60,19 לא יהיה לך עוד השמש לאור יומם
IS 60,20 לא יבוא עוד שמשך
IS 62,04 לא יאמר לך עוד עזובה
IS 62,04 ולארצך לא יאמר עוד שממה
IS 62,08 אם אתן את דגנך עוד
IS 65,19 ולא ישמע בה עוד קול בכי
IS 65,20 לא יהיה משם עוד עול ימים
IS 65,24 עוד הם מדברים ואני אשמע

עול * — 1X NM.

IS 65,20 לא יהיה משם עוד עול ימים

עולה * — 2X NM.

IS 59,03 לשונכם עולה תהגה
IS 61,08 שנא גזל בעולה

עולם * — 19X NM.

IS 56,05 שם עולם אתן לו
IS 57,11 הלא אני מחשה ומעלם
IS 57,16 כי לא לעולם אריב
IS 58,12 ובנו ממך חרבות עולם
IS 59,21 מעתה ועד עולם
IS 60,15 ושמתיך לגאון עולם
IS 60,19 והיה לך יהוה לאור עולם
IS 60,20 כי יהוה יהיה לך לאור עולם
IS 60,21 לעולם יירשו ארץ
IS 61,04 ובנו חרבות עולם
IS 61,07 שמחת עולם תהיה להם
IS 61,08 וברית עולם אכרות להם
IS 63,09 כל ימי עולם
IS 63,11 ויזכר ימי עולם
IS 63,12 לעשות לו שם עולם
IS 63,16 גאלנו מעולם שמך
IS 63,19 היינו מעולם לא משלת בם
IS 64,03 ומעולם לא שמעו
IS 64,04 בהם עולם ונושע

עון * — 9X NM.

IS 57,17 בעון בצעו קצפתי
IS 59,02 כי אם עונתיכם היו מבדלים
IS 59,03 ואצבעותיכם בעון
IS 59,12 ועונתינו ידענום
IS 64,05 ועוננו כרוח ישאנו
IS 64,06 ותמוגנו ביד עוננו
IS 64,08 ואל לעד תזכר עון
IS 65,07 עונתיכם ועונת אבותיכם יחדו
IS 65,07 עונתיכם ועונת אבותיכם יחדו

צוף *

1X VB.
IS 60,08 מי אלה כעב תעופינה

עור *

1X VB.
IS 64,06 מתעורר להחזיק בך

עור *

2X NM.
IS 56,10 צפו עורים כלם
IS 59,10 נגששה כעורים קיר

עז *

1X NM.
IS 62,08 ובזרוע עזו

עז *

1X NM. III
IS 56,11 והכלבים עזי נפש

עזב *

5X VB.
IS 58,02 ומשפט אלהיו לא עזב
IS 60,15 תחת היותך עזובה
IS 62,04 לא יאמר לך עוד עזובה
IS 62,12 עיר לא נעזבה
IS 65,11 ואתם עזבי יהוה

עזר *

1X VB.
IS 63,05 ואביט ואין עזר

עטה *

1X VB.
IS 59,17 ויעט כמעיל קנאה

עטף *

1X VB. I
IS 57,16 כי רוח מלפני יעטוף

עטרה *

1X NM.
IS 62,03 והיית עטרת תפארת ביד יהוה

עין *

7X NM.
IS 59,10 וכאין עינים נגששה
IS 59,15 וירא יהוה וירע בעיניו
IS 60,04 שאי סביב עיניך וראי
IS 64,03 עין לא ראתה אלהים זולתך
IS 65,12 ותעשו הרע בעיני
IS 65,16 וכי נסתרו מעיני
IS 66,04 ויעשו הרע בעיני

עיפה *

1X NP. I
IS 60,06 בכרי מדין ועיפה

עיר *

5X NM.
IS 60,14 וקראו לך עיר יהוה
IS 61,04 וחדשו ערי חרב
IS 62,12 עיר לא נעזבה
IS 64,09 ערי קדשך היו מדבר
IS 66,06 קול שאון מעיר

עכביש * 1X NM.

IS 59,05 וקורי עכביש יארגו

עכבר * 1X NM.

IS 66,17 והשקץ והעכבר

עכור * 1X NP.

IS 65,10 ועמק עכור לרבץ בקר

על * 46X

IS 56,03 הבדל יבדילני יהוה מעל עמו
IS 56,06 ובני הנכר הנלוים על יהוה
IS 56,07 עולתיהם וזבחיהם לרצון על מזבחי
IS 56,08 עוד אקבץ עליו לנקבציו
IS 57,01 ואין איש שם על לב
IS 57,02 ינוחו על משכבותם
IS 57,04 על מי תתענגו
IS 57,04 על מי תרחיבו פה
IS 57,06 העל אלה אנחם
IS 57,07 על הר גבה ונשא
IS 57,10 על כן לא חלית
IS 57,11 לא שמת על לבך
IS 58,14 אז תתענג על יהוה
IS 58,14 והרכבתיך על במותי ארץ
IS 59,04 בטוח על תהו ודבר שוא
IS 59,09 על כן רחק משפט ממנו
IS 59,18 כעל גמלות כעל ישלם
IS 59,18 כעל גמלות כעל ישלם
IS 59,21 רוחי אשר עליך
IS 60,01 וכבוד יהוה עליך זרח
IS 60,02 ועליך יזרח יהוה
IS 60,02 וכבודו עליך יראה
IS 60,04 ובנתיך על צד תאמנה
IS 60,05 כי יהפך עליך המון ים
IS 60,07 יעלו על רצון מזבחי
IS 60,14 והשתחוו על כפות רגליך כל מנאציך
IS 61,01 רוח אדני יהוה עלי
IS 62,05 ומשוש חתן על כלה
IS 62,05 ישיש עליך אלהיך
IS 62,06 על חומתיך ירושלם
IS 62,10 הרימו נס על העמים
IS 63,03 ויז נצחם על בגדי
IS 63,07 כעל כל אשר גמלנו יהוה
IS 63,19 לא נקרא שמך עליהם
IS 64,11 העל אלה תתאפק יהוה
IS 65,03 על פני תמיד
IS 65,03 ומקטרים על הלבנים
IS 65,06 ושלמתי על חיקם
IS 65,07 אשר קטרו על ההרים
IS 65,07 ועל הגבעות חרפוני
IS 65,17 ולא תעלינה על לב
IS 66,02 ונכה רוח וחרד על דברי
IS 66,10 כל המתאבלים עליה
IS 66,12 על צד תנשאו

IS 66,12 ועל ברכים תשעשעו
IS 66,20 על הר קדשי ירושלם

עלה * 7X VB.
IS 57,06 העלית מנחה
IS 57,07 גם שם עלית
IS 57,08 כי מאתי גלית ותעלי
IS 60,07 יעלו על רצון מזבחי
IS 63,11 איה המעלם מים
IS 65,17 ולא תעלינה על לב
IS 66,03 מעלה מנחה דם חזיר

עלה * 1X NM.
IS 56,07 עולתיהם וזבחיהם לרצון על מזבחי

עלה * 1X NM. I
IS 64,05 ונבל כעלה כלנו

עלם * 1X VB.
IS 58,07 ומבשרך לא תתעלם

עם * 22X NM.
IS 56,03 הבדל יבדילני יהוה מעל עמו
IS 56,07 כי ביתי בית תפלה יקרא לכל העמים
IS 57,14 הרימו מכשול מדרך עמי
IS 58,01 והגד לעמי פשעם
IS 60,21 ועמך כלם צדיקים
IS 61,09 וצאצאיהם בתוך העמים
IS 62,10 פנו דרך העם
IS 62,10 הרימו נס על העמים
IS 62,12 וקראו להם עם הקדש
IS 63,03 ומעמים אין איש אתי
IS 63,06 ואבוס עמים באפי
IS 63,08 ויאמר אך עמי המה
IS 63,11 משה עמו
IS 63,14 כן נהגת עמך
IS 63,18 למצער ירשו עם קדשך
IS 64,08 הן הבט נא עמך כלנו
IS 65,02 אל עם סורר
IS 65,03 העם המכעיסים אותי
IS 65,10 לעמי אשר דרשוני
IS 65,18 ועמה משוש
IS 65,19 וששתי בעמי
IS 65,22 כי כימי העץ ימי עמי

עמד * 4X VB.
IS 59,14 וצדקה מרחוק תעמד
IS 61,05 ועמדו זרים ורעו צאנכם
IS 66,22 עמדים לפני
IS 66,22 כן יעמד זרעכם ושמכם

עמל *

1X NM.

IS 59,04 הרו עמל והוליד און

עמק *

1X NM.

IS 65,10 ועמק עכור לרבץ בקר

ענג *

3X VB.

IS 57,04 על מי תתענגו
IS 58,14 אז תתענג על יהוה
IS 66,11 למען תמצו והתענגתם

ענג *

1X NM. I

IS 58,13 וקראת לשבת ענג

ענה *

5X VB.

IS 58,09 אז תקרא ויהוה יענה
IS 59,12 וחטאותינו ענתה בנו
IS 65,12 יען קראתי ולא עניתם
IS 65,24 והיה טרם יקראו ואני אענה
IS 66,04 יען קראתי ואין עונה

ענה *

5X VB. I

IS 58,03 עניבו נפשנו ולא תדע
IS 58,05 יום ענות אדם נפשו
IS 58,10 ונפש נענה תשביע
IS 60,14 והלכו אליך שחוח בני מעניך
IS 64,11 תחשה ותענבו עד מאד

ענו *

1X NM.

IS 61,01 לבשר ענוים שלחני

עני *

2X NM.

IS 58,07 ועניים מרודים תביא בית
IS 66,02 ואל זה אביט אל עני

ענן *

1X VB.

IS 57,03 בני עננה

עפר *

1X NM.

IS 65,25 ונחש עפר לחמו

עץ *

4X NM.

IS 56,03 הן אני עץ יבש
IS 57,05 תחת כל עץ רענן
IS 60,17 ותחת העצים נחשת
IS 65,22 כי כימי העץ ימי עמי

עצב *

1X VB.

IS 63,10 והמה מרו ועצבו

עצב *

1X NM. V

IS 58,03 ובל עצביכם תנגשו

צעום *

1X NM.
IS 60,22 והצעיר לגוי עצום

עצם *

2X NM.
IS 58,11 ועצמתיך יחליץ
IS 66,14 ועצמותיכם כדשא תפרחנה

עצר *

1X VB.
IS 66,09 אם אני המוליד ועצרתי

עקש *

1X VB.
IS 59,08 נתיבותיהם עקשו להם

ערום *

1X NM.
IS 58,07 כי תראה ערם וכסיתו

ערך *

1X VB.
IS 65,11 הערכים לגד שלחן

ערף *

1X VB. I
IS 66,03 זובח השה ערף כלב

ערפל *

1X NM.
IS 60,02 וערפל לאמים

עשה *

17X VB.
IS 56,01 שמרו משפט ועשו צדקה
IS 56,02 אשרי אנוש יעשה זאת
IS 56,02 ושמר ידו מעשות כל רע
IS 57,16 ונשמות אני עשיתי
IS 58,02 כגוי אשר צדקה עשה
IS 58,13 עשות חפציך ביום קדשי
IS 58,13 וכבדתו מעשות דרכיך
IS 63,12 לעשות לו שם עולם
IS 63,14 לעשות לך שם תפארת
IS 64,02 בעשותך נוראות לא נקוה
IS 64,03 יעשה למחכה לו
IS 64,04 פגעת את שש ועשה צדק
IS 65,08 כן אעשה למען עבדי
IS 65,12 ותעשו הרע בעיני
IS 66,02 ואת כל אלה ידי עשתה
IS 66,04 ויעשו הרע בעיני
IS 66,22 והארץ החדשה אשר אני עשה

עשן *

1X NM.
IS 65,05 אלה עשן באפי

עשק *

1X NM.
IS 59,13 דבר עשק וסרה

עת *

1X NM.
IS 60,22 אני יהוה בעתה אחישנה

עתה * 2X

IS 59,21 מעתה ועד עולם
IS 64,07 ועתה יהוה אבינו אתה

פאר * 5X VB.

IS 60,07 ובית תפארתי אפאר
IS 60,09 ולקדוש ישראל כי פארך
IS 60,13 לפאר מקום מקדשי
IS 60,21 מעשה ידי להתפאר
IS 61,03 מטע יהוה להתפאר

פאר * 2X NM.

IS 61,03 לתת להם פאר תחת אפר
IS 61,10 כחתן יכהן פאר

פגול * 1X NM.

IS 65,04 ופרק פגלים כליהם

פגע * 2X VB.

IS 59,16 וישתומם כי אין מפגיע
IS 64,04 פגעת את שש ועשה צדק

פגר * 1X NM.

IS 66,24 וראו בפגרי האנשים

פה * 7X NM.

IS 57,04 על מי תרחיבו פה
IS 58,14 כי פי יהוה דבר
IS 59,21 ודברי אשר שמתי בפיך
IS 59,21 לא ימושו מפיך
IS 59,21 ומפי זרעך
IS 59,21 ומפי זרע זרעך
IS 62,02 אשר פי יהוה יקבנו

פול * 1X NP.

IS 66,19 תרשיש פול ולוד משכי קשת תבל ויון

פוק * 1X VB.

IS 58,10 ותפק לרעב נפשך

פורה * 1X NM.

IS 63,03 פורה דרכתי לבדי

פחד * 1X VB.

IS 60,05 ופחד ורחב לבבך

פליט * 1X NM. I

IS 66,19 ושלחתי מהם פליטים אל הגוים

פנה * 3X VB.

IS 56,11 כלם לדרכם פנו
IS 57,14 סלו סלו פנו דרך
IS 62,10 פנו דרך העם

פנה *

15X NM.

IS 57,01 כי מפני הרעה נאסף הצדיק
IS 57,16 כי רוח מלפני יעטוף
IS 58,08 והלך לפניך צדקך
IS 59,02 וחטאותיכם הסתירו פנים
IS 62,11 ופעלתו לפניו
IS 63,09 פניו הושיעם
IS 63,12 בוקע מים מפניהם
IS 63,19 מפניך הרים נזלו
IS 64,01 מפניך גוים ירגזו
IS 64,02 ירדת מפניך הרים נזלו
IS 64,06 כי הסתרת פניך ממנו
IS 65,03 על פני תמיד
IS 65,06 הנה כתובה לפני
IS 66,22 עמדים לפני
IS 66,23 להשתחות לפני

פעל *

1X NM.

IS 59,06 ופעל חמס בכפיהם

פעלה *

3X NM.

IS 61,08 ונתתי פעלתם באמת
IS 62,11 ופעלתו לפניו
IS 65,07 ומדתי פעלתם ראשנה

פעם *

1X NM.

IS 66,08 אם יולד גוי פעם אחת

פקד *

1X VB.

IS 62,06 הפקדתי שמרים

פקדה *

1X NM.

IS 60,17 ושמתי פקדתך שלום

פקחקוח *

1X NM.

IS 61,01 ולאסורים פקח קוח

פרד *

1X NM.

IS 66,20 ובפרדים ובכרכרות

פרח *

1X VB.

IS 66,14 ועצמותיכם כדשא תפרחנה

פרי *

1X NM.

IS 65,21 ונטעו כרמים ואכלו פרים

פרס *

1X VB.

IS 58,07 הלוא פרס לרעב לחמך

פרץ *

1X NM.

IS 58,12 וקרא לך גדר פרץ

פרש *
1X VB.
IS 65,02 פרשתי ידי כל היום

פשע *
2X VB.
IS 59,13 פשע וכחש ביהוה
IS 66,24 הפשעים בי

פשע *
5X NM.
IS 57,04 הלוא אתם ילדי פשע
IS 58,01 והגד לעמי פשעם
IS 59,12 כי רבו פשעינו נגדך
IS 59,12 כי פשעינו אתנו
IS 59,20 ולשבי פשע ביעקב

פתח *
2X VB.
IS 58,06 פתח חרצבות רשע
IS 60,11 ופתחו שעריך תמיד

צאן *
4X NM.
IS 60,07 כל צאן קדר יקבצו לך
IS 61,05 ועמדו זרים ורעו צאנכם
IS 63,11 את רעי צאנו
IS 65,10 והיה השרון לנוה צאן

צאצאים *
2X NM.
IS 61,09 וצאצאיהם בתוך העמים
IS 65,23 וצאצאיהם אתם

צב *
1X NM. I
IS 66,20 בסוסים וברכב ובצבים

צד *
2X NM.
IS 60,04 ובנתיך על צד תאמנה
IS 66,12 על צד תנשאו

צדיק *
3X NM.
IS 57,01 הצדיק אבד
IS 57,01 כי מפני הרעה נאסף הצדיק
IS 60,21 ועמך כלם צדיקים

צדק *
7X NM.
IS 58,02 ישאלוני משפטי צדק
IS 58,08 והלך לפניך צדקך
IS 59,04 אין קרא בצדק
IS 61,03 וקרא להם אילי הצדק
IS 62,01 עד יצא כנגה צדקה
IS 62,02 וראו גוים צדקך
IS 64,04 פגעת את שש ועשה צדק

צדקה *
13X NM.
IS 56,01 שמרו משפט ועשו צדקה
IS 56,01 וצדקתי להגלות
IS 57,12 אני אגיד צדקתך
IS 58,02 כגוי אשר צדקה עשה

IS 59,09 ולא תשיגנו צדקה
IS 59,14 וצדקה מרחוק תעמד
IS 59,16 וצדקתו היא סמכתהו
IS 59,17 וילבש צדקה כשרין
IS 60,17 ונגשיך צדקה
IS 61,10 מעיל צדקה יעטני
IS 61,11 כן אדני יהוה יצמיח צדקה
IS 63,01 אני מדבר בצדקה
IS 64,05 וכבגד עדים כל צדקתינו

צהרים * — 2X NM.
IS 58,10 ואפלתך כצהרים
IS 59,10 כשלנו בצהרים כנשף

צום * — 3X VB.
IS 58,03 למה צמנו ולא ראית
IS 58,04 הן לריב ומצה תצומו
IS 58,04 לא תצומו כיום

צום * — 4X NM.
IS 58,03 הן ביום צמכם תמצאו חפץ
IS 58,05 הכזה יהיה צום אבחרהו
IS 58,05 הלזה תקרא צום
IS 58,06 הלוא זה צום אבחרהו

צחצחות * — 1X NM.
IS 58,11 והשביע בצחצחות נפשך

ציון * — 7X NP.
IS 59,20 ובא לציון גואל
IS 60,14 ציון קדוש ישראל
IS 61,03 לשום לאבלי ציון
IS 62,01 למען ציון לא אחשה
IS 62,11 אמרו לבת ציון
IS 64,09 ציון מדבר היתה
IS 66,08 ציון את בניה

ציר * — 1X VB.
IS 59,19 כי יבוא כנהר צר

ציר * — 1X NM. II
IS 57,09 ותשלחי ציריך עד מרחק

צמא * — 1X VB.
IS 65,13 ואתם תצמאו

צמח * — 3X VB.
IS 58,08 וארכתך מהרה תצמח
IS 61,11 וכגנה זרועיה תצמיח
IS 61,11 כן אדני יהוה יצמיח צדקה

צמח *
1X NM.
IS 61,11 כי בארץ תוציא צמחה

צניף *
1X NM.
IS 62,03 וצנוף מלוכה בכף אלהיך

צעה *
1X VB.
IS 63,01 צעה ברב כחו

צעיר *
1X NM.
IS 60,22 והצעיר לגוי עצום

צעק *
1X VB.
IS 65,14 ואתם תצעקו מכאב לב

צפה *
1X VB.
IS 56,10 צפו עורים כלם

צפעני *
1X NM.
IS 59,05 ביצי צפעוני בקעו

צר *
1X NM.
IS 63,09 לא צר ומלאך

צר *
3X NM. I
IS 59,18 חמה לצריו גמול לאיביו
IS 63,18 צרינו בוססו מקדשך
IS 64,01 להודיע שמך לצריך

צרה *
2X NM.
IS 63,09 בכל צרתם
IS 65,16 כי נשכחו הצרות הראשנות

קבוץ *
1X NM.
IS 57,13 בזעקך יצילך קבוציך

קבץ *
7X VB.
IS 56,08 מקבץ נדחי ישראל
IS 56,08 עוד אקבץ עליו לנקבציו
IS 56,08 עוד אקבץ עליו לנקבציו
IS 60,04 כלם נקבצו באו לך
IS 60,07 כל צאן קדר יקבצו לך
IS 62,09 ומקבציו ישתהו
IS 66,18 באה לקבץ את כל הגוים והלשנות

קבר *
1X NM.
IS 65,04 הישבים בקברים

קדוש *
5X NM.
IS 57,15 שכן עד וקדוש שמו
IS 57,15 מרום וקדוש אשכון
IS 58,13 לקדוש יהוה מכבד
IS 60,09 ולקדוש ישראל כי פארך
IS 60,14 ציון קדוש ישראל

קדח *

1X VB.
IS 64,01 כקדח אש המסים

קדר *

1X NP.
IS 60,07 כל צאן קדר יקבצו לך

קדש *

2X VB.
IS 65,05 אל תגש בי כי קדשתיך
IS 66,17 המתקדשים והמטהרים אל הגנות

קדש *

14X NM.
IS 56,07 והביאותים אל הר קדשי
IS 57,13 ויירש הר קדשי
IS 58,13 עשות חפציך ביום קדשי
IS 62,09 בחצרות קדשי
IS 62,12 וקראו להם עם הקדש
IS 63,10 את רוח קדשו
IS 63,11 את רוח קדשו
IS 63,15 מזבל קדשך ותפארתך
IS 63,18 למצער ירשו עם קדשך
IS 64,09 ערי קדשך היו מדבר
IS 64,10 בית קדשנו ותפארתנו
IS 65,11 השכחים את הר קדשי
IS 65,25 בכל הר קדשי
IS 66,20 על הר קדשי ירושלם

קוה *

4X VB.
IS 59,09 נקוה לאור והנה חשך
IS 59,11 נקוה למשפט ואין
IS 60,09 כי לי איים יקוו
IS 64,02 בעשותך נוראות לא נקוה

קול *

7X NM.
IS 58,01 כשופר הרם קולך
IS 58,04 להשמיע במרום קולכם
IS 65,19 ולא ישמע בה עוד קול בכי
IS 65,19 וקול זעקה
IS 66,06 קול שאון מעיר
IS 66,06 קול מהיכל
IS 66,06 קול יהוה משלם

קום *

3X VB.
IS 58,12 מוסדי דור ודור תקומם
IS 60,01 קומי אורי כי בא אורך
IS 61,04 שממות ראשנים יקוממו

קור *

2X NM.
IS 59,05 וקורי עכביש יארגו
IS 59,06 קוריהם לא יהיו לבגד

קטן * 1X NM.

IS 60,22 <u>הקטן</u> יהיה לאלף

קטר * 2X VB.

IS 65,03 ו<u>מקטרים</u> על הלבנים
IS 65,07 אשר <u>קטרו</u> על ההרים

קיר * 1X NM.

IS 59,10 נגששה כעורים <u>קיר</u>

קלל * 1X VB.

IS 65,20 והחוטא בן מאה שנה <u>יקלל</u>

קנאה * 2X NM.

IS 59,17 ויעט כמעיל <u>קנאה</u>
IS 63,15 איה <u>קנאתך</u> וגבורתך

קצה * 2X NM. I

IS 56,11 איש לבצעו <u>מקצהו</u>
IS 62,11 אל <u>קצה</u> הארץ

קצף * 5X VB.

IS 57,16 ולא לנצח <u>אקצוף</u>
IS 57,17 בעון בצעו <u>קצפתי</u>
IS 57,17 ואכהו הסתר <u>ואקצף</u>
IS 64,04 הן אתה <u>קצפת</u> ונחטא
IS 64,08 אל <u>תקצף</u> יהוה עד מאד

קצף * 1X NM.

IS 60,10 כי <u>בקצפי</u> הכיתיך

קצר * 1X VB.

IS 59,01 הן לא <u>קצרה</u> יד יהוה מהושיע

קרא * 24X VB.

IS 56,07 כי ביתי בית תפלה <u>יקרא</u> לכל העמים
IS 58,01 <u>קרא</u> בגרון אל תחשך
IS 58,05 הלזה <u>תקרא</u> צום
IS 58,09 אז <u>תקרא</u> ויהוה יענה
IS 58,12 <u>וקרא</u> לך גדר פרץ
IS 58,13 <u>וקראת</u> לשבת ענג
IS 59,04 אין <u>קרא</u> בצדק
IS 60,14 <u>וקראו</u> לך עיר יהוה
IS 60,18 <u>וקראת</u> ישועה חומתיך
IS 61,01 <u>לקרא</u> לשבוים דרור
IS 61,02 <u>לקרא</u> שנת רצון ליהוה
IS 61,03 <u>וקרא</u> להם אילי הצדק
IS 61,06 ואתם כהני יהוה <u>תקראו</u>
IS 62,02 <u>וקרא</u> לך שם חדש
IS 62,04 כי לך <u>יקרא</u> חפצי בה
IS 62,12 <u>וקראו</u> להם עם הקדש
IS 62,12 ולך <u>יקרא</u> דרושה
IS 63,19 לא <u>נקרא</u> שמך עליהם
IS 64,06 ואין <u>קורא</u> בשמך

IS 65,01 אל גוי לא קרא בשמי
IS 65,12 יען קראתי ולא עניתם
IS 65,15 ולעבדיו יקרא שם אחר
IS 65,24 והיה טרם יקראו ואני אענה
IS 66,04 יען קראתי ואין עונה

קרב * 2X VB.

IS 57,03 ואתם קרבו הנה
IS 65,05 האמרים קרב אליך

קרב * 1X NM.

IS 63,11 איה השם בקרבו

קרבה * 1X NM.

IS 58,02 קרבת אלהים יחפצון

קרוב * 2X NM.

IS 56,01 כי קרובה ישועתי לבוא
IS 57,19 שלום שלום לרחוק ולקרוב

קרע * 1X VB.

IS 63,19 לוא קרעת שמים ירדת

קשח * 1X VB.

IS 63,17 תקשיח לבנו מיראתך

קשת * 1X NM.

IS 66,19 תרשיש פול ולוד משכי קשת תבל ויון

ראה * 18X VB.

IS 57,18 דרכיו ראיתי
IS 58,03 למה צמנו ולא ראית
IS 58,07 כי תראה ערם וכסיתו
IS 59,15 וירא יהוה וירע בעיניו
IS 59,16 וירא כי אין איש
IS 60,02 וכבודו עליך יראה
IS 60,04 שאי סביב עיניך וראי
IS 60,05 אז תראי ונהרת
IS 61,09 כל ראיהם יכירום
IS 62,02 וראו גוים צדקך
IS 63,15 הבט משמים וראה
IS 64,03 עין לא ראתה אלהים זולתך
IS 66,05 ונראה בשמחתכם
IS 66,08 מי ראה כאלה
IS 66,14 וראיתם ושש לבכם
IS 66,18 ובאו וראו את כבודי
IS 66,20 ולא ראו את כבודי
IS 66,24 וראו בפגרי האנשים

ראש * 2X NM.

IS 58,05 הלכף כאגמן ראשו
IS 59,17 וכובע ישועה בראשו

ראשון * 5X NM.

IS 60,09 ואניות תרשיש בראשנה
IS 61,04 שממות ראשנים יקוממו
IS 65,07 ומדתי פעלתם ראשנה
IS 65,16 כי נשכחו הצרות הראשנות
IS 65,17 ולא תזכרנה הראשנות

רב * 2X NM.

IS 63,01 רב להושיע
IS 63,07 ורב טוב לבית ישראל

רב * 3X NM. I

IS 57,10 ברב דרכך יגעת
IS 63,01 צעה ברב כחו
IS 63,07 וכרב חסדיו

רבב * 2X VB.

IS 59,12 כי רבו פשעינו נגדך
IS 66,16 ורבו חללי יהוה

רבה * 1X VB.

IS 57,09 ותרבי רקחיך

רבץ * 1X NM.

IS 65,10 ועמק עכור לרבץ בקר

רגז * 1X VB.

IS 64,01 מפניך גוים ירגזו

רגל * 5X NM.

IS 58,13 אם תשיב משבת רגלך
IS 59,07 רגליהם לרע ירצו
IS 60,13 ומקום רגלי אכבד
IS 60,14 והשתחוו על כפות רגליך כל מנאציך
IS 66,01 והארץ הדם רגלי

רוה * 1X NM.

IS 58,11 והיית כגן רוה

רוח * 14X NM.

IS 57,13 ואת כלם ישא רוח
IS 57,15 ואת דכא ושפל רוח
IS 57,15 להחיות רוח שפלים
IS 57,16 כי רוח מלפני יעטוף
IS 59,19 רוח יהוה נססה בו
IS 59,21 רוחי אשר עליך
IS 61,01 רוח אדני יהוה עלי
IS 61,03 מעטה תהלה תחת רוח כהה
IS 63,10 את רוח קדשו
IS 63,11 את רוח קדשו
IS 63,14 רוח יהוה תניחנו
IS 64,05 ועוננו כרוח ישאנו
IS 65,14 ומשבר רוח תילילו
IS 66,02 ונכה רוח וחרד על דברי

רום * — 4X VB.

IS 57,14 הרימו מכשול מדרך עמי
IS 57,15 כי כה אמר רם ונשא
IS 58,01 כשופר הרם קולך
IS 62,10 הרימו נס על העמים

רוץ * — 1X VB.

IS 59,07 רגליהם לרע ירצו

רחב * — 3X VB.

IS 57,04 על מי תרחיבו פה
IS 57,08 הרחבת משכבך
IS 60,05 ופחד ורחב לבבך

רחב * — 1X NM. II

IS 59,14 כי כשלה ברחוב אמת

רחוק * — 6X NM.

IS 57,09 ותשלחי ציריך עד מרחק
IS 57,19 שלום שלום לרחוק ולקרוב
IS 59,14 וצדקה מרחוק תעמד
IS 60,04 בניך מרחוק יבאו
IS 60,09 להביא בניך מרחוק
IS 66,19 האיים הרחקים

רחם * — 1X VB.

IS 60,10 וברצוני רחמתיך

רחמים * — 2X NM.

IS 63,07 אשר גמלם כרחמיו
IS 63,15 ורחמיך אלי התאפקו

רחק * — 2X VB.

IS 59,09 על כן רחק משפט ממנו
IS 59,11 לישועה רחקה ממנו

ריב * — 1X VB.

IS 57,16 כי לא לעולם אריב

ריב * — 1X NM.

IS 58,04 הן לריב ומצה תצומו

ריק * — 1X NM.

IS 65,23 לא ייגעו לריק

רכב * — 1X VB.

IS 58,14 והרכבתיך על במותי ארץ

רכב * — 1X NM.

IS 66,20 בסוסים וברכב ובצבים

רמס ✱ 1X VB.
IS 63,03 וארמסם בחמתי

רנן ✱ 2X VB.
IS 61,07 ובלמוז ירנו חלקם
IS 65,14 הנה עבדי ירנו

רע ✱ 5X NM.
IS 56,02 ושמר ידו מעשות כל רע
IS 59,07 רגליהם לרע ירצו
IS 59,15 וסר מרע משתולל
IS 65,12 ותעשו הרע בעיני
IS 66,04 ויעשו הרע בעיני

רעב ✱ 1X VB.
IS 65,13 ואתם תרעבו

רעב ✱ 2X NM. I
IS 58,07 הלוא פרס לרעב לחמך
IS 58,10 ותפק לרעב נפשך

רעה ✱ 4X VB.
IS 56,11 והמה רעים
IS 61,05 ועמדו זרים ורעו צאנכם
IS 63,11 את רעי צאנו
IS 65,25 זאב וטלה ירעו כאחד

רעה ✱ 1X NM.
IS 57,01 כי מפני הרעה נאסף הצדיק

רענן ✱ 1X NM.
IS 57,05 תחת כל עץ רענן

רעע ✱ 2X VB.
IS 59,15 וירא יהוה וירע בעיניו
IS 65,25 לא ירעו ולא ישחיתו

רפא ✱ 2X VB.
IS 57,18 וארפאהו
IS 57,19 ורפאתיו

רפש ✱ 1X NM.
IS 57,20 ויגרשו מימיו רפש וטיט

רצון ✱ 5X NM.
IS 56,07 עולתיהם וזבחיהם לרצון על מזבחי
IS 58,05 ויום רצון ליהוה
IS 60,07 יעלו על רצון מזבחי
IS 60,10 וברצוני רחמתיך
IS 61,02 לקרא שנת רצון ליהוה

רצץ *
1X VB.
IS 58,06 ושלח רצוצים חפשים

רקח *
1X NM. I
IS 57,09 ותרבי רקחיך

רשע *
2X NM.
IS 57,20 והרשעים כים נגרש
IS 57,21 אין שלום אמר אלהי לרשעים

רשע *
2X NM. I
IS 58,04 ולהכות באגרף רשע
IS 58,06 פתח חרצבות רשע

שבע *
3X VB.
IS 58,10 ונפש נענה תשביע
IS 58,11 והשביע בצחצחות נפשך
IS 66,11 למען תינקו ושבעתם

שבעה *
1X NM.
IS 56,11 לא ידעו שבעה

שדי *
1X NM.
IS 56,09 כל חיתו שדי

שה *
1X NM.
IS 66,03 זובח השה ערף כלב

שוש *
8X VB.
IS 61,10 שוש אשיש ביהוה
IS 61,10 שוש אשיש ביהוה
IS 62,05 ישיש עליך אלהיך
IS 64,04 פגעת את שש ועשה צדק
IS 65,18 כי אם שישו וגילו עדי עד
IS 65,19 וששתי בעמי
IS 66,10 שישו אתה משוש
IS 66,14 וראיתם ושש לבכם

שים *
11X VB.
IS 57,01 ואין איש שם על לב
IS 57,07 שמת משכבך
IS 57,08 שמת זכרונך
IS 57,11 לא שמת על לבך
IS 59,21 ודברי אשר שמתי בפיך
IS 60,15 ושמתיך לגאון עולם
IS 60,17 ושמתי פקדתך שלום
IS 61,03 לשום לאבלי ציון
IS 62,07 ועד ישים את ירושלם
IS 63,11 איה השם בקרבו
IS 66,19 ושמתי בהם אות

שכר * 1X NM.

IS 62,11 הנה שכרו אתו

שמח * 3X VB.

IS 56,07 ושמחתים בבית תפלתי
IS 65,13 הנה עבדי ישמחו
IS 66,10 שמחו את ירושלם וגילו בה

שמחה * 2X NM.

IS 61,07 שמחת עולם תהיה להם
IS 66,05 ונראה בשמחתכם

שנא * 3X VB.

IS 60,15 ושנואה ואין עובר
IS 61,08 שנא גזל בעולה
IS 66,05 אמרו אחיכם שנאיכם

שפה * 2X NM.

IS 57,19 בורא נוב שפתים
IS 59,03 שפתותיכם דברו שקר

שק * 1X NM.

IS 58,05 ושק ואפר יציע

שרפה * 1X NM.

IS 64,10 היה לשרפת אש

ששון * 1X NM.

IS 61,03 שמן ששון תחת אבל

שאול * 1X NM.

IS 57,09 ותשפילי עד שאול

שאון * 1X NM.

IS 66,06 קול שאון מעיר

שאל * 2X VB.

IS 58,02 ישאלוני משפטי צדק
IS 65,01 נדרשתי ללוא שאלו

שבא * 1X NP.

IS 60,06 כלם משבא יבאו

שבה * 1X VB.

IS 61,01 לקרא לשבוים דרור

שבועה * 1X NM.

IS 65,15 והנחתם שמכם לשבועה לבחירי

שבט * 1X NM.

IS 63,17 שבטי נחלתך

שבע *
3X VB.
IS 62,08 נשבע יהוה בימינו
IS 65,16 והנשבע בארץ
IS 65,16 ישבע באלהי אמן

שבר *
2X VB.
IS 61,01 לחבש לנשברי לב
IS 66,09 האני אשביר ולא אוליד

שבר *
3X NM.
IS 59,07 שד ושבר במסלותם
IS 60,18 שד ושבר בגבוליך
IS 65,14 ומשבר רוח תילילו

שבת *
7X NM.
IS 56,02 שמר שבת מחללו
IS 56,04 לסריסים אשר ישמרו את שבתותי
IS 56,06 כל שמר שבת מחללו
IS 58,13 אם תשיב משבת רגלך
IS 58,13 וקראת לשבת ענג
IS 66,23 ומדי שבת בשבתו
IS 66,23 ומדי שבת בשבתו

שד *
2X NM.
IS 59,07 שד ושבר במסלותם
IS 60,18 שד ושבר בגבוליך

שד *
2X NM. III
IS 60,16 ושד מלכים תינקי
IS 66,11 משד תנחמיה

שוא *
1X NM.
IS 59,04 בטוח על תהו ודבר שוא

שוב *
5X VB.
IS 58,12 משבב נתיבות לשבת
IS 58,13 אם תשיב משבת רגלך
IS 59,20 ולשבי פשע ביעקב
IS 63,17 שוב למען עבדיך
IS 66,15 להשיב בחמה אפו

שובב *
1X NM. I
IS 57,17 וילך שובב בדרך לבו

שוע *
1X VB.
IS 58,09 תשוע ויאמר הנני

שופר *
1X NM.
IS 58,01 כשופר הרם קולך

שור *
1X NM.
IS 66,03 שוחט השור מכה איש

שור *
1X VB. I
IS 57,09 ותשרי למלך בשמן

שחח *
1X VB.
IS 60,14 והלכו אליך שחוח בני מעניך

שחט *
2X VB.
IS 57,05 שחטי הילדים בנחלים
IS 66,03 שוחט השור מכה איש

שחר *
1X NM.
IS 58,08 אז יבקע כשחר אורך

שחת *
3X VB.
IS 65,08 ואמר אל תשחיתהו
IS 65,08 לבלתי השחית הכל
IS 65,25 לא ירעו ולא ישחיתו

שטף *
1X VB.
IS 66,12 וכנחל שוטף כבוד גוים

שכב *
1X VB.
IS 56,10 הזים שכבים

שכח *
1X VB.
IS 65,16 כי נשכחו הצרות הראשנות

שכח *
1X NM.
IS 65,11 השכחים את הר קדשי

שכן *
3X VB.
IS 57,15 שכן עד וקדוש שמו
IS 57,15 מרום וקדוש אשכון
IS 65,09 ועבדי ישכנו שמה

שכר *
1X VB.
IS 63,06 ואשכרם בחמתי

שכר *
1X NM. I
IS 56,12 ונסבאה שכר

שלום *
8X NM.
IS 57,02 יבוא שלום
IS 57,19 שלום שלום לרחוק ולקרוב
IS 57,19 שלום שלום לרחוק ולקרוב
IS 57,21 אין שלום אמר אלהי לרשעים
IS 59,08 דרך שלום לא ידעו
IS 59,08 כל דרך בה לא ידע שלום
IS 60,17 ושמתי פקדתך שלום
IS 66,12 הנני נטה אליה כנהר שלום

שלח * 5X VB.

IS 57,09 ותשלחי צריך עד מרחק

IS 58,06 ושלח רצוצים חפשים

IS 58,09 שלח אצבע ודבר און

IS 61,01 לבשר ענוים שלחני

IS 66,19 ושלחתי מהם פליטים אל הגוים

שלחן * 1X NM.

IS 65,11 הערכים לגד שלחן

שלל * 1X VB.

IS 59,15 וסר מרע משתולל

שלם * 7X VB.

IS 57,18 ואשלם נחמים לו ולאבליו

IS 59,18 כעל גמלות כעל ישלם

IS 59,18 לאיים גמול ישלם

IS 60,20 ושלמו ימי אבלך

IS 65,06 לא אחשה כי אם שלמתי

IS 65,06 ושלמתי על חיקם

IS 66,06 קול יהוה משלם

שם * 2X

IS 57,07 גם שם עלית

IS 65,20 לא יהיה משם עוד עול ימים

שם * 18X NM.

IS 56,05 ונתתי להם בביתי ובחומתי יד ושם

IS 56,05 שם עולם אתן לו

IS 56,06 לשרתו ולאהבה את שם יהוה

IS 57,15 שכן עד וקדוש שמו

IS 59,19 וייראו ממערב את שם יהוה

IS 60,09 לשם יהוה אלהיך

IS 62,02 וקרא לך שם חדש

IS 63,12 לעשות לו שם עולם

IS 63,14 לעשות לך שם תפארת

IS 63,16 גאלנו מעולם שמך

IS 63,19 לא נקרא שמך עליהם

IS 64,01 להודיע שמך לצריך

IS 64,06 ואין קורא בשמך

IS 65,01 אל גוי לא קרא בשמי

IS 65,15 והנחתם שמכם לשבועה לבחירי

IS 65,15 ולעבדיו יקרא שם אחר

IS 66,05 מנדיכם למען שמי

IS 66,22 כן יעמד זרעכם ושמכם

שמה * 1X I

IS 65,09 ועבדי ישכנו שמה

שמים * 5X NM.

IS 63,15 הבט משמים וראה

IS 63,19 לוא קרעת שמים ירדת

IS 65,17 כי הנני בורא שמים חדשים

IS 66,01 השמים כסאי

IS 66,22 כי כאשר השמים החדשים

שמם *
4X VB.
IS 59,16 וישתומם כי אין מפגיע
IS 61,04 שממות ראשנים יקוממו
IS 61,04 שממות דור ודור
IS 63,05 ואשתומם ואין סומך

שממה *
2X NM.
IS 62,04 ולארצך לא יאמר עוד שממה
IS 64,09 ירושלם שממה

שמן *
2X NM.
IS 57,09 ותשרי למלך בשמן
IS 61,03 שמן ששון תחת אבל

שמע *
13X VB.
IS 58,04 להשמיע במרום קולכם
IS 59,01 ולא כבדה אזנו משמוע
IS 59,02 מכם משמוע
IS 60,18 לא ישמע עוד חמס בארצך
IS 62,11 הנה יהוה השמיע
IS 64,03 ומעולם לא שמעו
IS 65,12 דברתי ולא שמעתם
IS 65,19 ולא ישמע בה עוד קול בכי
IS 65,24 עוד הם מדברים ואני אשמע
IS 66,04 דברתי ולא שמעו
IS 66,05 שמעו דבר יהוה
IS 66,08 מי שמע כזאת
IS 66,19 אשר לא שמעו את שמעי

שמע *
1X NM.
IS 66,19 אשר לא שמעו את שמעי

שמר *
6X VB.
IS 56,01 שמרו משפט ועשו צדקה
IS 56,02 שמר שבת מחללו
IS 56,02 ושמר ידו מעשות כל רע
IS 56,04 לסריסים אשר ישמרו את שבתותי
IS 56,06 כל שמר שבת מחללו
IS 62,06 הפקדתי שמרים

שמש *
3X NM.
IS 59,19 וממזרח שמש את כבודו
IS 60,19 לא יהיה לך עוד השמש לאור יומם
IS 60,20 לא יבוא עוד שמשך

שנה *
4X NM.
IS 61,02 לקרא שנת רצון ליהוה
IS 63,04 ושנת גאולי באה
IS 65,20 כי הנער בן מאה שנה ימות
IS 65,20 והחוטא בן מאה שנה יקלל

שעע *

1X VB.

IS 66,12 ועל ברכים תשעשעו

שער *

3X NM.

IS 60,11 ופתחו שעריך תמיד

IS 60,18 ושעריך תהלה

IS 62,10 עברו עברו בשערים

שפט *

2X VB.

IS 59,04 ואין נשפט באמונה

IS 66,16 כי באש יהוה נשפט

שפך *

2X VB.

IS 57,06 גם להם שפכת נסך

IS 59,07 וימהרו לשפך דם נקי

שפל *

1X VB.

IS 57,09 ותשפילי עד שאול

שפל *

2X NM.

IS 57,15 ואת דכא ושפל רוח

IS 57,15 להחיות רוח שפלים

שפעה *

1X NM.

IS 60,06 שפעת גמלים תכסך

שקוץ *

1X NM.

IS 66,03 ובשקוציהם נפשם חפצה

שקט *

2X VB.

IS 57,20 כי השקט לא יוכל

IS 62,01 ולמען ירושלם לא אשקוט

שקץ *

1X NM.

IS 66,17 והשקץ והעכבר

שקר *

1X VB.

IS 63,08 בנים לא ישקרו

שקר *

3X NM.

IS 57,04 זרע שקר

IS 59,03 שפתותיכם דברו שקר

IS 59,13 הרו והגו מלב דברי שקר

שרון *

1X NP.

IS 65,10 והיה השרון לנוה צאן

שריון *

1X NM.

IS 59,17 וילבש צדקה כשרין

שרת *

4X VB.

IS 56,06 לשרתו ולאהבה את שם יהוה

IS 60,07 אילי נביות ישרתונך

IS 60,10 ומלכיהם ישרתונך

IS 61,06 משרתי אלהינו יאמר לכם

שתה * 3X VB.

IS 62,08 ואם ישתו בני נכר תירושך
IS 62,09 ומקבציו ישתהו
IS 65,13 הנה עבדי ישתו

תאשור * 1X NM.

IS 60,13 ברוש תדהר ותאשור יחדו

תבל * 1X NP.

IS 66,19 תרשיש פול ולוד משכי קשת תבל ויון

תבן * 1X NM.

IS 65,25 ואריה כבקר יאכל תבן

תדהר * 1X NM.

IS 60,13 ברוש תדהר ותאשור יחדו

תהו * 1X NM.

IS 59,04 בטוח על תהו ודבר שוא

תהום * 1X NM.

IS 63,13 מוליכם בתהמות

תהלה * 6X NM.

IS 60,06 ותהלת יהוה יבשרו
IS 60,18 ושעריך תהלה
IS 61,03 מעטה תהלה תחת רוח כהה
IS 61,11 ותהלה נגד כל הגוים
IS 62,07 תהלה בארץ
IS 63,07 תהלת יהוה

תוך * 3X NM.

IS 58,09 אם תסיר מתוכך מוטה
IS 61,09 וצאצאיהם בתוך העמים
IS 66,17 אחר אחד בתוך

תולעה * 1X NM.

IS 66,24 כי תולעתם לא תמות

תחת * 11X NM.

IS 57,05 תחת כל עץ רענן
IS 57,05 תחת סעפי הסלעים
IS 60,15 תחת היותך עזובה
IS 60,17 תחת הנחשת אביא זהב
IS 60,17 ותחת הברזל אביא כסף
IS 60,17 ותחת העצים נחשת
IS 60,17 ותחת האבנים ברזל
IS 61,03 לתת להם פאר תחת אפר
IS 61,03 שמן ששון תחת אבל
IS 61,03 מעטה תהלה תחת רוח כהה
IS 61,07 תחת בשתכם משנה

תירוש *

2X NM.

IS 62,08 ואם ישתו בני נכר תירושך
IS 65,08 כאשר ימצא התירוש באשכול

תלבשת *

1X NM.

IS 59,17 וילבש בגדי נקם תלבשת

תמיד *

4X

IS 58,11 ונחך יהוה תמיד
IS 60,11 ופתחו שעריך תמיד
IS 62,06 תמיד לא יחשו
IS 65,03 על פני תמיד

תנחומים *

1X NM.

IS 66,11 משד תנחמיה

תעה *

1X VB.

IS 63,17 למה תתענו יהוה מדרכיך

תעלולים *

1X NM.

IS 66,04 גם אני אבחר בתעלליהם

תפארת *

7X NM.

IS 60,07 ובית תפארתי אפאר
IS 60,19 ואלהיך לתפארתך
IS 62,03 והיית עטרת תפארת ביד יהוה
IS 63,12 זרוע תפארתו
IS 63,14 לעשות לך שם תפארת
IS 63,15 מזבל קדשך ותפארתך
IS 64,10 בית קדשנו ותפארתנו

תפלה *

2X NM.

IS 56,07 ושמחתים בבית תפלתי
IS 56,07 כי ביתי בית תפלה יקרא לכל העמים

תרשיש *

2X NP.

IS 60,09 ואניות תרשיש בראשנה
IS 66,19 תרשיש פול ולוד משכי קשת תבל ויון

F R E Q U E N C Y - T A B L E

		TOTAL DI. AND TI.		DI.		TI.	
אב	NM.	9	X	3		6	
אבד	VB.	3	X	1		2	
אבה	VB.	1	X	1	*	-	
אביון	NM.	1	X	1	*	-	
אביר	NM.	1	X	1	*	-	
אביר	NM. I	2	X	1		1	
אבל	VB.	1	X	-		1	*
אבל	NM. II	2	X	-		2	*
אבל	NM. III	3	X	-		3	*
אבן	NM.	5	X	3		2	
אבר	NM.	1	X	1	*	-	
אברהם	NP.	3	X	2		1	
אגדה	NM.	1	X	-		1	*
אגם	NM.	2	X	2	*	-	
אגמון	NM.	1	X	-		1	*
אגרף	NM.	1	X	-		1	*
אדום	NP.	1	X	-		1	*
אדם	NM.	10	X	8		2	
אדם	NM. I	1	X	-		1	*
אדמה	NM.	1	X	1	*	-	
אדני	NP.	15	X	10		5	
אדר	VB.	1	X	1	*	-	
אהב	VB.	8	X	3		5	
אהבה	NM.	1	X	-		1	*
אהל	NM.	2	X	2	*	-	
או		2	X	2	*	-	
אולי		2	X	2	*	-	
און	NM.	2	X	2	*	-	
און	NM. I	7	X	2		5	
אוצר	NM.	1	X	1	*	-	
אור	VB.	2	X	-		2	*
אור	NM.	13	X	5		8	
אור	NM. I	3	X	3	*	-	
אות	NM.	3	X	2		1	
אז		11	X	7		4	
אזן	VB.	3	X	2		1	
אזן	NM.	8	X	7		1	
אזר	VB.	2	X	2	*	-	
אח	NM.	3	X	1		2	
אחד	NM.	6	X	2		4	
אחור	NM.	6	X	5		1	
אחר	VB.	1	X	1	*	-	
אחר	NM.	6	X	2		4	
אחר	NM. I	5	X	2		3	
אחרון	NM.	3	X	3	*	-	
אחרית	NM.	3	X	3	*	-	
אי		3	X	1		2	
אי	NM. I	12	X	9		3	
איב	VB.	6	X	1		5	
איה		4	X	1		3	
איך		1	X	1	*	-	
איל	NM. I	1	X	-		1	*
איל	NM. II	2	X	-		2	*
אין	NM.	63	X	46		17	

			TOTAL DI. AND TI.		DI.		TI.	
איפה			1	X	1	*	-	
איש	NM.		26	X	18		8	
אך			4	X	3		1	
אכל	VB.		20	X	9		11	
אכן			4	X	4	*	-	
אכר	NM.		1	X	-		1	*
אל			58	X	40		18	
אל	NM.		15	X	15	*	-	
אל		I	28	X	19		9	
אלה			22	X	15		7	
אלהים	NM.		53	X	37		16	
אלוה	NM.		1	X	1	*	-	
אלון	NM.	I	1	X	1	*	-	
אלם	VB.		1	X	1	*	-	
אלם	NM.		1	X	-		1	*
אלמן	NM.		1	X	1	*	-	
אלמנה	NM.		1	X	1	*	-	
אלמנות	NM.		1	X	1	*	-	
אלף	NM.	II	1	X	-		1	*
אם			16	X	7		9	
אם	NM.		4	X	3		1	
אמונה	NM.		1	X	-		1	*
אמיץ	NM.		1	X	1	*	-	
אמן			2	X	-		2	*
אמן	VB.		6	X	5		1	
אמץ	VB.		2	X	2	*	-	
אמר	VB.		108	X	75		33	
אמר	NM.		1	X	1	*	-	
אמר	VB.	I	1	X	-		1	*
אמת	NM.		6	X	3		3	
אנוש	NM.		3	X	2		1	
אנחה	NM.		1	X	1	*	-	
אנחנו			2	X	1		1	
אני			71	X	55		16	
אניה	NM.		2	X	1		1	
אנכי			21	X	19		2	
אסיר	NM.		1	X	1	*	-	
אסף	VB.		8	X	3		5	
אסר	VB.		2	X	1		1	
אף			25	X	25	*	-	
אף	NM.		7	X	3		4	
אפה	VB.		2	X	2	*	-	
אפלה	NM.		2	X	-		2	*
אפס	NM.		12	X	12	*	-	
אפע	NM.		1	X	1	*	-	
אפעה	NM.		1	X	-		1	*
אפק	VB.		3	X	1		2	
אפר	NM.		3	X	1		2	
אצבע	NM.		2	X	-		2	*
אציל	NM.		1	X	1	*	-	
אקדח	NM.		1	X	1	*	-	
ארבה	NM.	I	1	X	-		1	*
ארג	VB.		1	X	-		1	*
ארובה	NM.		1	X	-		1	*
ארז	NM.		2	X	2	*	-	

			TOTAL DI. AND TI.		DI.		TI.	
ארח	NM.		2	X	2	*	-	
אריה	NM.		1	X	-		1	*
ארך	VB.		4	X	3		1	
ארך	NM.		1	X	1	*	-	
ארץ	NM.		61	X	42		19	
אש	NM.		15	X	7		8	
אשה	NM.		4	X	4	*	-	
אשור	NP.		1	X	1	*	-	
אשכול	NM.		1	X	-		1	*
אשם	NM.		1	X	1	*	-	
אשמנים	NM.		1	X	-		1	*
אשפה	NM.		1	X	1	*	-	
אשר			58	X	31		27	
אשרי	NM.		1	X	-		1	*
אשש	VB.		1	X	1	*	-	
את			97	X	51		46	
את		I	3	X	3	*	-	
אתה			17	X	12		5	
אתה	VB.		7	X	5		2	
אתם			15	X	7		8	
ב			340	X	200		140	
באש	VB.		1	X	1	*	-	
בבל	NP.		4	X	4	*	-	
בגד	VB.		2	X	2	*	-	
בגד	NM.		11	X	4		7	
בד	NM.		3	X	2		1	
בד	NM.	I	1	X	1	*	-	
בדל	VB.		3	X	-		3	*
בהלה	NM.		1	X	-		1	*
בהמה	NM.		2	X	1		1	
בוא	VB.		56	X	27		29	
בול	NM.		1	X	1	*	-	
בוס	VB.		2	X	-		2	*
בור	NM.		1	X	1	*	-	
בוש	VB.		13	X	11		2	
בז	NM.		1	X	1	*	-	
בזה	VB.		3	X	3	*	-	
בזז	VB.		2	X	2	*	-	
בחור	NM.		2	X	1		1	
בחיר	NM.		6	X	3		3	
בחר	VB.		16	X	9		7	
בטח	VB.		4	X	3		1	
בטח	NM.		1	X	1	*	-	
בטן	NM.		7	X	7	*	-	
בין	VB.		8	X	6		2	
בין	NM.		3	X	1		2	
ביצה	NM.		2	X	-		2	*
בית	NM.		18	X	6		12	
בכי	NM.		1	X	-		1	*
בכר	NM.	I	1	X	-		1	*
בל	NM.		8	X	8	*	-	
בל	NP.		1	X	1	*	-	
בלה	VB.		3	X	2		1	
בלל	VB.		1	X	-		1	*
בלע	VB.		1	X	1	*	-	

			TOTAL DI. AND TI.		DI.		TI.	
בלעדי	NM.		5	X	5	*	-	
בלתי	NM.		3	X	2		1	
במה	NM.		1	X	-		1	*
בן	NM.		33	X	16		17	
בנה	VB.		9	X	3		6	
בעה	VB.		1	X	-		1	*
בעל	VB.		6	X	2		4	
בעל	NM.		2	X	2	*	-	
בער	VB.		6	X	5		1	
בצע	NM.		2	X	-		2	*
בצרה	NP.		1	X	-		1	*
בקע	VB.		5	X	1		4	
בקעה	NM.		3	X	2		1	
בקר	NM.		2	X	-		2	*
בקר	NM.	I	2	X	2	*	-	
בקש	VB.		6	X	5		1	
ברא	VB.		20	X	16		4	
ברוש	NM.		3	X	2		1	
ברזל	NM.		5	X	3		2	
ברח	VB.		1	X	1	*	-	
בריח	NM.		2	X	2	*	-	
ברית	NM.		8	X	4		4	
ברך	VB.		6	X	1		5	
ברך	NM.		2	X	1		1	
ברכה	NM.		2	X	1		1	
ברר	VB.		2	X	2	*	-	
בשר	VB.		7	X	5		2	
בשר	NM.		12	X	6		6	
בשת	NM.		3	X	2		1	
בת	NM.		10	X	7		3	
בתולה	NM.		2	X	1		1	
גאולים	NM.		1	X	-		1	*
גאון	NM.		1	X	-		1	*
גאל	VB.		22	X	17		5	
גאל	VB.	I	2	X	-		2	*
גבה	VB.		3	X	3	*	-	
גבה	NM.		2	X	1		1	
גבול	NM.		2	X	1		1	
גבור	NM.		3	X	3	*	-	
גבורה	NM.		1	X	-		1	*
גבעה	NM.		7	X	6		1	
גבר	VB.		1	X	1	*	-	
גברת	NM.		2	X	2	*	-	
גד	NP.	I	1	X	-		1	*
גדול	NM.		2	X	1		1	
גדוף	NM.		1	X	1	*	-	
גדופה	NM.		1	X	1	*	-	
גדל	VB.		4	X	4	*	-	
גדע	VB.		1	X	1	*	-	
גדר	VB.		1	X	-		1	*
גו	NM.		2	X	2	*	-	
גוי	NM.		36	X	16		20	
גור	VB.		1	X	1	*	-	
גור	VB.	I	3	X	3	*	-	
גורל	NM.		1	X	-		1	*

		TOTAL DI. AND TI.		DI.		TI.	
גזז	VB.	1	X	1	*	-	
גזל	NM.	1	X	-		1	*
גזע	NM.	1	X	1	*	-	
גזר	VB.	1	X	1	*	-	
גחל	NM.	1	X	1	*	-	
גחלת	NM.	1	X	1	*	-	
גיא	NM.	1	X	1	*	-	
גיד	NM.	1	X	1	*	-	
גיל	VB.	6	X	2		4	
גילה	NM.	1	X	-		1	*
גל	NM.	2	X	2	*	-	
גלה	VB.	9	X	7		2	
גלות	NM.	1	X	1	*	-	
גלמוד	NM.	1	X	1	*	-	
גם		16	X	10		6	
גמול	NM.	3	X	-		3	*
גמולה	NM.	1	X	-		1	*
גמל	VB.	2	X	-		2	*
גמל	NM.	1	X	-		1	*
גן	NM.	2	X	1		1	
גנה	NM.	3	X	-		3	*
גער	VB.	1	X	1	*	-	
גערה	NM.	3	X	2		1	
גרון	NM.	1	X	-		1	*
גרש	VB.	2	X	-		2	*
גשם	NM.	2	X	2	*	-	
גשש	VB.	2	X	-		2	*
גת	NM.	1	X	-		1	*
דאג	VB.	1	X	-		1	*
דב	NM.	1	X	-		1	*
דבק	NM.	1	X	1	*	-	
דבר	VB.	20	X	10		10	
דבר	NM.	14	X	8		6	
דגה	NM.	1	X	1	*	-	
דגן	NM.	1	X	-		1	*
דוד	NP.	1	X	1	*	-	
דומם		1	X	1	*	-	
דור	NM.	11	X	5		6	
דוש	VB.	1	X	1	*	-	
די	NM.	4	X	2		2	
דכא	VB.	3	X	2		1	
דכא	NM.	1	X	-		1	*
דלי	NM.	1	X	1	*	-	
דלת	NM.	3	X	2		1	
דם	NM.	4	X	1		3	
דמה	VB.	4	X	4	*	-	
דמות	NM.	1	X	1	*	-	
דמי	NM.	2	X	-		2	*
דעך	VB.	1	X	1	*	-	
דעת	NM.	7	X	6		1	
דק	NM.	1	X	1	*	-	
דק	NM. I	1	X	1	*	-	
דקק	VB.	1	X	1	*	-	
דראון	NM.	1	X	-		1	*
דרור	NM. I	1	X	-		1	*

			TOTAL DI. AND TI.		DI.		TI.	
דרך	VB.		6	X	2		4	
דרך	NM.		33	X	19		14	
דרש	VB.		5	X	1		4	
דשא	NM.		1	X	-		1	*
דשן	NM.		1	X	1	*	-	
ה			396	X	212		184	
ה		I	29	X	18		11	
האח			1	X	1	*	-	
הבל	NM.		2	X	1		1	
הבר	VB.		1	X	1	*	-	
הגה	VB.		4	X	-		4	*
הדורים	NM.		1	X	1	*	-	
הדם	NM.		1	X	-		1	*
הדס	NM.		2	X	2	*	-	
הדר	VB.		1	X	-		1	*
הדר	NM.		1	X	1	*	-	
הוא			23	X	21		2	
הוה	NM.		1	X	1	*	-	
הוי			3	X	3	*	-	
הזה	VB.		1	X	-		1	*
היא			5	X	3		2	
היה	VB.		51	X	24		27	
היכל	NM.		2	X	1		1	
הלך	VB.		28	X	19		9	
הלל	VB.		4	X	2		2	
הלל	VB.	II	1	X	1	*	-	
הלם	VB.		1	X	1	*	-	
הם			6	X	1		5	
המה			7	X	2		5	
המה	VB.		2	X	1		1	
המון	NM.		2	X	-		2	*
המסים	NM.		1	X	-		1	*
הן			23	X	17		6	
הנה			36	X	19		17	
הנה		I	2	X	2	*	-	
הנה		II	1	X	-		1	*
הפך	VB.		2	X	-		2	*
הר	NM.		22	X	12		10	
הרה	VB.		2	X	-		2	*
הריסת	NM.		1	X	1	*	-	
הרס	VB.		1	X	1	*	-	
ו			1055	X	634		421	
זאב	NM.		1	X	-		1	*
זאת			16	X	13		3	
זבח	VB.		3	X	-		3	*
זבח	NM.		4	X	2		2	
זבל	NM.		1	X	-		1	*
זה			13	X	4		9	
זהב	NM.		5	X	2		3	
זו			2	X	2	*	-	
זוב	VB.		1	X	1	*	-	
זול	VB.		1	X	1	*	-	
זולה	NM.		3	X	2		1	
זור	VB.	I	1	X	-		1	*
זיז	NM.	I	1	X	-		1	*

		TOTAL DI. AND TI.		DI.	TI.
זיקות	NM.	2	X	2 *	-
זכר	VB.	18	X	10	8
זכר	NM. I	1	X	-	1 *
זכרון	NM.	1	X	-	1 *
זלל	VB.	2	X	-	2 *
זמרה	NM.	1	X	1 *	-
זנה	VB.	1	X	-	1 *
זעם	VB.	1	X	-	1 *
זעק	VB.	1	X	-	1 *
זעקה	NM.	1	X	-	1 *
זקים	NM.	1	X	1 *	-
זקן	NM.	2	X	1	1
זקנה	NM.	1	X	1 *	-
זר	NM.	2	X	1	1
זרה	VB.	1	X	1 *	-
זרוע	NM.	13	X	9	4
זרוע	NM. I	1	X	-	1 *
זרח	VB.	3	X	-	3 *
זרח	NM.	1	X	-	1 *
זרע	VB.	2	X	2 *	-
זרע	NM.	19	X	9	10
זרת	NM.	1	X	1 *	-
חבא	VB.	2	X	2 *	-
חבורה	NM.	1	X	1 *	-
חבל	VB.	1	X	1 *	-
חבל	NM.	1	X	-	1 *
חבר	NM.	1	X	1 *	-
חבר	NM. I	2	X	2 *	-
חבש	VB.	1	X	-	1 *
חגב	NM.	1	X	1 *	-
חד	NM.	1	X	1 *	-
חדל	NM.	1	X	1 *	-
חדש	VB.	1	X	-	1 *
חדש	NM.	10	X	5	5
חדש	NM. I	3	X	1	2
חוג	NM.	1	X	1 *	-
חוה	VB.	8	X	6	2
חול	NM.	1	X	1 *	-
חומה	NM.	5	X	1	4
חוץ	NM.	3	X	3 *	-
חוש	VB.	1	X	-	1 *
חזה	VB.	3	X	2	1
חזיר	NM.	3	X	-	3 *
חזק	VB.	13	X	9	4
חזק	NM.	1	X	1 *	-
חטא	VB.	4	X	2	2
חטא	NM.	1	X	1 *	-
חטאת	NM.	7	X	4	3
חטם	VB.	1	X	1 *	-
חי	NM.	2	X	2 *	-
חיה	VB.	3	X	1	2
חיה	NM.	5	X	3	2
חיה	NM. II	1	X	-	1 *
חיל	VB.	6	X	3	3
חיל	NM.	4	X	1	3

			TOTAL DI. AND TI.	DI.	TI.
חיק	NM.		3 X	1	2
חכה	VB.		1 X	-	1 *
חכם	NM.		2 X	2 *	-
חכמה	NM.		1 X	1 *	-
חלב	NM.		3 X	2	1
חלה	VB.		2 X	1	1
חלי	NM.		2 X	2 *	-
חלל	VB.		5 X	3	2
חלל	NM.		1 X	-	1 *
חלל	VB.	I	2 X	2 *	-
חלמיש	NM.		1 X	1 *	-
חלף	VB.		2 X	2 *	-
חלץ	VB.		1 X	-	1 *
חלק	VB.		2 X	2 *	-
חלק	NM.		2 X	-	2 *
חלק	VB.	I	1 X	1 *	-
חלק	NM.	I	1 X	-	1 *
חמד	VB.		2 X	2 *	-
חמה	NM.		11 X	6	5
חמוץ	NM.		1 X	-	1 *
חמלה	NM.		1 X	-	1 *
חמם	VB.		5 X	4	1
חמס	NM.		3 X	1	2
חמר	NM.		3 X	2	1
חנם			2 X	2 *	-
חסד	NM.		7 X	4	3
חסה	VB.		1 X	-	1 *
חסר	VB.		1 X	1 *	-
חפזון	NM.		1 X	1 *	-
חפץ	VB.		10 X	3	7
חפץ	NM.		9 X	5	4
חפר	VB.		1 X	1 *	-
חפשי	NM.		1 X	-	1 *
חץ	NM.		1 X	1 *	-
חצב	VB.		2 X	2 *	-
חצי	NM.		3 X	3 *	-
חציר	NM.		5 X	5 *	-
חציר	NM.	II	1 X	1 *	-
חצן	NM.		1 X	1 *	-
חצר	NM.		2 X	1	1
חקק	VB.		1 X	1 *	-
חקר	NM.		1 X	1 *	-
חר	NM.		1 X	1 *	-
חרב	VB.		7 X	5	2
חרב	NM.		5 X	3	2
חרב	NM.	I	1 X	-	1 *
חרבה	NM.	I	8 X	5	3
חרד	VB.		1 X	1 *	-
חרד	NM.		2 X	-	2 *
חרה	VB.		2 X	2 *	-
חרוץ	NM.		1 X	1 *	-
חרם	NM.		1 X	1 *	-
חרף	VB.		1 X	-	1 *
חרפה	NM.		3 X	3 *	-
חרצב	NM.		1 X	-	1 *

		TOTAL DI. AND TI.		DI.	TI.
חרש	NM.	2	X	2 *	-
חרש	VB.	2	X	2 *	-
חרש	NM.	8	X	8 *	-
חרש	NM. I	3	X	3 *	-
חשך	VB.	2	X	1	1
חשף	VB.	2	X	2 *	-
חשב	VB.	4	X	4 *	-
חשה	VB.	6	X	1	5
חשך	NM.	9	X	6	3
חשכה	NM.	1	X	1 *	-
חתן	NM.	2	X	-	2 *
חתת	VB.	2	X	2 *	-
טבח	NM.	2	X	1	1
טהר	VB.	1	X	-	1 *
טהר	NM.	1	X	-	1 *
טוב	NM.	5	X	3	2
טוב	NM. I	2	X	-	2 *
טחח	VB.	1	X	1 *	-
טחן	VB.	1	X	1 *	-
טיט	NM.	2	X	1	1
טלה	NM.	1	X	-	1 *
טלי	NM.	1	X	1 *	-
טמא	NM.	3	X	2	1
טפח	VB.	1	X	1 *	-
טרם	NM.	5	X	2	3
יאש	VB.	1	X	-	1 *
יבל	VB.	2	X	2 *	-
יבל	NM.	1	X	1 *	-
יבש	VB.	6	X	6 *	-
יבש	NM.	1	X	-	1 *
יבשה	NM.	1	X	1 *	-
יגה	VB.	1	X	1 *	-
יגון	NM.	1	X	1 *	-
יגיע	NM.	2	X	2 *	-
יגע	VB.	12	X	9	3
יד	NM.	34	X	21	13
ידע	VB.	50	X	38	12
יהודה	NP.	4	X	3	1
יהוה	NP.	209	X	126	83
יום	NM.	30	X	9	21
יומם		2	X	-	2 *
יון	NP.	1	X	-	1 *
יונה	NM.	2	X	-	2 *
יונק	NM.	1	X	1 *	-
יחד	NM.	5	X	5 *	-
יחדו		17	X	14	3
יחל	VB.	2	X	2 *	-
יטב	VB.	1	X	1 *	-
יין	NM.	3	X	2	1
יכל	VB.	6	X	3	3
ילד	VB.	13	X	6	7
ילד	NM.	2	X	-	2 *
ילל	VB.	2	X	1	1
ים	NM.	11	X	8	3
ימין	NM.	8	X	6	2

		TOTAL DI. AND TI.	DI.	TI.
ינה	VB.	1 X	1 *	-
ינק	VB.	5 X	1	4
יסד	VB.	5 X	5 *	-
יסף	VB.	4 X	4 *	-
יעט	VB.	1 X	-	1 *
יעל	VB.	5 X	4	1
יען	NM.	3 X	-	3 *
יענה	NM.	1 X	1 *	-
יעף	VB.	4 X	4 *	-
יעף	NM.	2 X	2 *	-
יעץ	VB.	3 X	3 *	-
יעקב	NP.	27 X	22	5
יער	NM.	3 X	2	1
יצא	VB.	26 X	22	4
יצע	VB.	1 X	-	1 *
יצק	VB.	2 X	2 *	-
יצר	VB.	21 X	20	1
יקד	VB.	1 X	-	1 *
יקר	VB.	1 X	1 *	-
ירא	VB.	16 X	12	4
ירא	NM.	1 X	1 *	-
יראה	NM.	1 X	-	1 *
ירד	VB.	10 X	6	4
ירה	VB. II	1 X	1 *	-
ירושלם	NP.	19 X	10	9
ירח	NM. I	2 X	-	2 *
יריב	NM.	1 X	1 *	-
יריעה	NM.	1 X	1 *	-
ירש	VB.	7 X	1	6
ישראל	NP.	48 X	42	6
יש	NM.	2 X	2 *	-
ישב	VB.	25 X	21	4
ישועה	NM.	11 X	6	5
ישימון	NM.	2 X	2 *	-
ישע	VB.	21 X	13	8
ישע	NM.	4 X	2	2
ישר	VB.	3 X	3 *	-
ישרון	NP.	1 X	1 *	-
יתד	NM.	1 X	1 *	-
יתר	NM.	2 X	1	1
כ		117 X	63	54
כאב	NM.	1 X	-	1 *
כבד	VB.	10 X	5	5
כבה	VB.	3 X	2	1
כבוד	NM.	17 X	5	12
כדכד	NM.	1 X	1 *	-
כה		27 X	20	7
כהה	VB.	1 X	1 *	-
כהה	NM.	2 X	1	1
כהן	VB.	1 X	-	1 *
כהן	NM.	2 X	-	2 *
כובע	NM.	1 X	-	1 *
כוה	VB.	1 X	1 *	-
כוכב	NM.	1 X	1 *	-
כול	VB.	1 X	1 *	-

		TOTAL DI. AND TI.		DI.		TI.	
כון	VB.	5	X	4		1	
כוס	NM.	4	X	4	*	-	
כור	NM.	1	X	1	*	-	
כורש	NP.	2	X	2	*	-	
כוש	NP.	2	X	2	*	-	
כזב	VB.	2	X	-		2	*
כח	NM.	10	X	9		1	
כחש	VB.	1	X	-		1	*
כי		142	X	83		59	
כיס	NM.	1	X	1	*	-	
כל	NM.	108	X	58		50	
כלא	VB.	1	X	1	*	-	
כלא	NM.	2	X	2	*	-	
כלב	NM.	3	X	-		3	*
כלה	VB.	1	X	1	*	-	
כלה	NM.	3	X	1		2	
כלי	NM.	6	X	3		3	
כלם	VB.	5	X	5	*	-	
כלמה	NM.	3	X	2		1	
כמו		5	X	5	*	-	
כן		15	X	8		7	
כן	NM. II	1	X	1	*	-	
כנה	VB.	2	X	2	*	-	
כסא	NM.	2	X	1		1	
כסה	VB.	5	X	1		4	
כסות	NM.	1	X	1	*	-	
כסף	NM.	10	X	8		2	
כעס	VB.	1	X	-		1	*
כף	NM.	6	X	2		4	
כפל	NM.	1	X	1	*	-	
כפף	VB.	1	X	-		1	*
כפר	VB.	1	X	1	*	-	
כפר	NM.	1	X	1	*	-	
כריתות	NM.	1	X	1	*	-	
כרכרות	NM.	1	X	-		1	*
כרם	NM.	1	X	-		1	*
כרם	NM. I	1	X	-		1	*
כרע	VB.	4	X	3		1	
כרת	VB.	8	X	5		3	
כשדים	NM.	5	X	5	*	-	
כשל	VB.	5	X	2		3	
כשף	NM.	2	X	2	*	-	
כתב	VB.	2	X	1		1	
כתף	NM.	2	X	2	*	-	
ל		411	X	236		175	
לא		244	X	162		82	
לאה	VB.	1	X	1	*	-	
לאם	NM.	8	X	7		1	
לב	NM.	23	X	11		12	
לבב	NM.	3	X	2		1	
לבוש	NM.	2	X	-		2	*
לבנה	NM.	1	X	-		1	*
לבנה	NM. I	3	X	1		2	
לבנון	NP.	2	X	1		1	
לבש	VB.	8	X	5		3	

		TOTAL DI. AND TI.	DI.	TI.
להב	NM.	1 X	-	1 ⁎
להבה	NM.	2 X	2 ⁎	-
להט	VB.	1 X	1 ⁎	-
לו		2 X	1	1
לוד	NP.	1 X	-	1 ⁎
לוה	VB.	2 X	-	2 ⁎
לוי	NM.	1 X	-	1 ⁎
לחי	NM.	1 X	1 ⁎	-
לחך	VB.	1 X	1 ⁎	-
לחם	VB.	1 X	-	1 ⁎
לחם	NM.	7 X	5	2
לילה	NM.	2 X	-	2 ⁎
לין	VB.	1 X	-	1 ⁎
ליץ	VB.	1 X	1 ⁎	-
לכן		6 X	4	2
למד	VB.	3 X	3 ⁎	-
למד	NM.	3 X	3 ⁎	-
למה		4 X	2	2
למו		5 X	5 ⁎	-
למען		22 X	15	7
לפיד	NM.	1 X	-	1 ⁎
לקח	VB.	13 X	10	3
לשון	NM.	7 X	4	3
מאד		6 X	3	3
מאה	NM.	2 X	-	2 ⁎
מאזנים	NM.	2 X	2 ⁎	-
מאכל	NM.	1 X	-	1 ⁎
מאס	VB.	2 X	2 ⁎	-
מבוע	NM.	1 X	1 ⁎	-
מגורה	NM.	1 X	-	1 ⁎
מדבר	NM.	11 X	8	3
מדד	VB.	2 X	1	1
מדה	NM.	1 X	1 ⁎	-
מדוע		2 X	1	1
מדין	NP.	1 X	-	1 ⁎
מה		8 X	8 ⁎	-
מהר	VB.	3 X	2	1
מהרה		1 X	-	1 ⁎
מוג	VB.	1 X	-	1 ⁎
מוט	VB.	4 X	4 ⁎	-
מוטה	NM.	3 X	-	3 ⁎
מוסד	NM.	1 X	-	1 ⁎
מוסדה	NM.	1 X	1 ⁎	-
מוסר	NM.	1 X	1 ⁎	-
מוסר	NM. I	1 X	1 ⁎	-
מוצא	NM.	2 X	1	1
מורג	NM.	1 X	1 ⁎	-
מוש	VB.	4 X	3	1
מות	VB.	9 X	4	5
מות	NM.	2 X	2 ⁎	-
מזבח	NM.	2 X	-	2 ⁎
מזוזה	NM.	1 X	-	1 ⁎
מזרח	NM.	6 X	5	1
מחא	VB.	1 X	1 ⁎	-
מחה	VB.	2 X	2 ⁎	-

		TOTAL DI. AND TI.		DI.		TI.	
מחוגה	NM.	1	X	1	ж	-	
מחיר	NM.	2	X	2	ж	-	
מחמד	NM.	1	X	-		1	ж
מחר	NM.	1	X	-		1	ж
מחשבה	NM.	9	X	5		4	
מחשך	NM.	1	X	1	ж	-	
מחתה	NM.	1	X	1	ж	-	
מטמן	NM.	1	X	1	ж	-	
מטע	NM.	2	X	-		2	ж
מי		41	X	34		7	
מים	NM.	24	X	19		5	
מישור	NM.	2	X	2	ж	-	
מישרים	NM.	1	X	1	ж	-	
מיתר	NM.	1	X	1	ж	-	
מכאוב	NM.	2	X	2	ж	-	
מכמר	NM.	1	X	1	ж	-	
מכר	VB.	3	X	3	ж	-	
מכשול	NM.	1	X	-		1	ж
מלא	VB.	4	X	2		2	
מלא	NM. I	1	X	1	ж	-	
מלאך	NM.	3	X	2		1	
מלבוש	NM.	1	X	-		1	ж
מלוכה	NM.	1	X	-		1	ж
מלח	VB. I	1	X	1	ж	-	
מלחמה	NM.	3	X	3	ж	-	
מלט	VB.	5	X	4		1	
מלך	VB.	1	X	1	ж	-	
מלך	NM.	14	X	8		6	
מלקוח	NM.	2	X	2	ж	-	
ממלכה	NM.	2	X	1		1	
ממסך	NM.	1	X	-		1	ж
מן		212	X	139		73	
מנה	VB.	2	X	1		1	
מנוחה	NM.	1	X	-		1	ж
מנוסה	NM.	1	X	1	ж	-	
מנחה	NM.	5	X	1		4	
מני	NP.	1	X	-		1	ж
מסגר	NM.	1	X	1	ж	-	
מסכה	NM.	1	X	1	ж	-	
מסלה	NM.	4	X	2		2	
מסמר	NM.	1	X	1	ж	-	
מספר	NM.	1	X	1	ж	-	
מסתר	NM.	1	X	1	ж	-	
מסתר	NM. I	1	X	1	ж	-	
מעגל	NM.	1	X	-		1	ж
מעה	NM.	1	X	1	ж	-	
מעטה	NM.	1	X	-		1	ж
מעיל	NM.	2	X	-		2	ж
מעים	NM.	3	X	2		1	
מעין	NM.	1	X	1	ж	-	
מעל	NM.	1	X	1	ж	-	
מעמקים	NM.	1	X	1	ж	-	
מעצבה	NM.	1	X	1	ж	-	
מעצד	NM.	1	X	1	ж	-	
מעקשים	NM.	1	X	1	ж	-	

		TOTAL DI. AND TI.	DI.	TI.
מערב	NM.	2 X	1	1
מערבה	NM.	1 X	1 *	-
מעשה	NM.	10 X	2	8
מץ	NM.	1 X	1 *	-
מצא	VB.	8 X	3	5
מצה	VB.	1 X	1 *	-
מצה	NM. I	1 X	-	1 *
מצוה	NM.	1 X	1 *	-
מצח	NM.	1 X	1 *	-
מצער	NM.	1 X	-	1 *
מצץ	VB.	1 X	-	1 *
מצרים	NP.	3 X	3 *	-
מצת	NM.	1 X	1 *	-
מקבת	NM.	1 X	1 *	-
מקבת	NM. I	1 X	1 *	-
מקדש	NM.	2 X	-	2 *
מקום	NM.	7 X	4	3
מקצעה	NM.	1 X	1 *	-
מר	NM. I	1 X	1 *	-
מראה	NM.	2 X	2 *	-
מרה	VB.	2 X	1	1
מרוד	NM.	1 X	-	1 *
מרום	NM.	3 X	1	2
מרחק	NM.	1 X	1 *	-
מרט	VB.	1 X	1 *	-
מרכבה	NM.	1 X	-	1 *
מרמה	NM.	1 X	1 *	-
מרצית	NM.	1 X	1 *	-
מרק	NM.	1 X	-	1 *
משא	NM.	2 X	2 *	-
משוש	NM.	4 X	-	4 *
משה	NP.	2 X	-	2 *
משח	VB.	1 X	-	1 *
משחת	NM. I	1 X	1 *	-
משיח	NM.	1 X	1 *	-
משך	VB.	1 X	-	1 *
משכב	NM.	4 X	-	4 *
משכן	NM.	1 X	1 *	-
משל	VB.	5 X	4	1
משנה	NM.	2 X	-	2 *
משסה	NM.	2 X	2 *	-
משפט	NM.	20 X	11	9
מת	NM.	1 X	1 *	-
מתח	VB.	1 X	1 *	-
מתנים	NM.	1 X	1 *	-
נא		4 X	3	1
נאה	VB.	1 X	1 *	-
נאם	NM.	13 X	8	5
נאף	VB.	1 X	-	1 *
נאץ	VB.	2 X	1	1
נבו	NP.	1 X	1 *	-
נבח	VB.	1 X	-	1 *
נבט	VB.	8 X	4	4
נביות	NP.	1 X	-	1 *
נבל	VB.	2 X	2 *	-

		TOTAL DI. AND TI.		DI.		TI.	
נגד	VB.	25	X	22		3	
נגד	NM.	5	X	3		2	
נגה	NM.	4	X	1		3	
נגהה	NM.	1	X	-		1	*
נגיד	NM.	1	X	1	*	-	
נגע	VB.	2	X	2	*	-	
נגע	NM.	1	X	1	*	-	
נגש	VB.	3	X	1		2	
נגש	VB.	8	X	7		1	
נדה	VB.	1	X	-		1	*
נדח	VB.	1	X	-		1	*
נדף	VB.	1	X	1	*	-	
נהג	VB.	3	X	1		2	
נהל	VB.	3	X	3	*	-	
נהר	NM.	11	X	9		2	
נהר	VB. I	1	X	-		1	*
נוד	VB.	1	X	1	*	-	
נוה	NM.	1	X	-		1	*
נוח	VB.	4	X	1		3	
נום	VB.	1	X	-		1	*
נוס	VB.	2	X	1		1	
נזה	VB.	2	X	1		1	
נזל	VB.	3	X	3	*	-	
נח	NP.	2	X	2	*	-	
נחה	VB.	2	X	-		2	*
נחושה	NM.	2	X	2	*	-	
נחל	VB.	2	X	1		1	
נחל	NM.	3	X	-		3	*
נחלה	NM.	5	X	3		2	
נחם	VB.	14	X	9		5	
נחמים	NM.	1	X	-		1	*
נחש	NM.	1	X	-		1	*
נחשת	NM.	2	X	-		2	*
נטה	VB.	11	X	10		1	
נטל	VB.	2	X	1		1	
נטע	VB.	4	X	2		2	
ניב	NM.	1	X	-		1	*
נכה	VB.	7	X	3		4	
נכה	NM.	1	X	-		1	*
נכח	NM.	2	X	-		2	*
נכר	VB.	2	X	-		2	*
נכר	NM.	5	X	-		5	*
נס	NM.	2	X	1		1	
נסך	VB.	2	X	2	*	-	
נסך	NM.	2	X	1		1	
נסך	NM. I	1	X	1	*	-	
נעורים	NM.	3	X	3	*	-	
נעצוץ	NM.	1	X	1	*	-	
נער	VB.	1	X	1	*	-	
נער	NM.	2	X	1		1	
נפח	VB.	1	X	1	*	-	
נפל	VB.	2	X	2	*	-	
נפש	NM.	20	X	12		8	
נצורים	NM.	1	X	-		1	*
נצח	NM.	1	X	-		1	*

		TOTAL DI. AND TI.	DI.	TI.
נצח	NM. I	2 X	-	2 ✱
נצל	VB.	7 X	6	1
נצר	VB.	4 X	4 ✱	-
נצר	NM.	1 X	-	1 ✱
נקב	VB.	1 X	-	1 ✱
נקי	NM.	1 X	-	1 ✱
נקם	NM.	4 X	1	3
נקר	VB.	1 X	1 ✱	-
נשא	VB.	28 X	20	8
נשג	VB.	2 X	1	1
נשואה	NM.	1 X	1 ✱	-
נשק	VB.	1 X	1 ✱	-
נשא	VB.	1 X	1 ✱	-
נשב	VB.	1 X	1 ✱	-
נשה	VB.	1 X	1 ✱	-
נשם	VB.	1 X	1 ✱	-
נשמה	NM.	2 X	1	1
נשף	VB.	1 X	1 ✱	-
נשף	NM.	1 X	-	1 ✱
נשר	NM.	1 X	1 ✱	-
נשת	VB.	1 X	1 ✱	-
נתיבה	NM.	4 X	2	2
נתך	VB.	36 X	30	6
נתק	VB.	1 X	-	1 ✱
נתר	VB.	1 X	-	1 ✱
סבא	VB.	1 X	-	1 ✱
סבא	NP.	1 X	1 ✱	-
סבאים	NM.	1 X	1 ✱	-
סביב	NM.	3 X	2	1
סבל	VB.	5 X	5 ✱	-
סגד	VB.	4 X	4 ✱	-
סגן	NM.	1 X	1 ✱	-
סגר	VB.	2 X	1	1
סוג	VB.	4 X	2	2
סוס	NM.	3 X	1	2
סוף	VB.	1 X	-	1 ✱
סופה	NM.	1 X	-	1 ✱
סור	VB.	4 X	2	2
סור	NM.	1 X	1 ✱	-
סחר	VB.	1 X	1 ✱	-
סחר	NM.	1 X	1 ✱	-
סינים	NP.	1 X	1 ✱	-
סכן	VB.	1 X	1 ✱	-
סלח	VB.	1 X	1 ✱	-
סלל	VB.	4 X	-	4 ✱
סלע	NM.	2 X	1	1
סמך	VB.	4 X	1	3
סס	NM.	1 X	1 ✱	-
סעיף	NM.	1 X	-	1 ✱
סער	VB.	1 X	1 ✱	-
סערה	NM.	2 X	2 ✱	-
ספיר	NM.	1 X	1 ✱	-
ספר	VB.	3 X	3 ✱	-
ספר	NM.	1 X	1 ✱	-
סקל	VB.	1 X	-	1 ✱

		TOTAL DI. AND TI.		DI.		TI.	
סרה	NM.	1	X	-		1	*
סריס	NM.	2	X	-		2	*
סרפד	NM.	1	X	1	*	-	
סרר	VB.	1	X	-		1	*
סתר	VB.	9	X	5		4	
סתר	NM.	2	X	2	*	-	
עב	NM.	2	X	1		1	
עבד	VB.	3	X	2		1	
עבד	NM.	31	X	21		10	
עבר	VB.	13	X	10		3	
עבר	NM.	1	X	1	*	-	
עד		15	X	7		8	
עד	NM.	6	X	2		4	
עד	NM. I	6	X	6	*	-	
עדה	VB.	1	X	-		1	*
עדה	NM. II	1	X	-		1	*
עדי	NM.	1	X	1	*	-	
עדין	NM.	1	X	1	*	-	
עדן	NP.	1	X	1	*	-	
עדר	VB.	2	X	1		1	
עדר	NM.	1	X	1	*	-	
עוד	NM.	24	X	14		10	
עול	VB.	1	X	1	*	-	
עול	NM.	2	X	1		1	
עולה	NM.	2	X	-		2	*
עולם	NM.	34	X	15		19	
עון	NM.	15	X	6		9	
עוף	VB.	1	X	-		1	*
עור	VB.	14	X	13		1	
עור	NM.	9	X	7		2	
עות		1	X	1	*	-	
עז	NM.	4	X	3		1	
עז	NM. I	1	X	1	*	-	
עז	NM. III	2	X	1		1	
עזב	VB.	11	X	6		5	
עזוז	NM.	1	X	1	*	-	
עזוז	NM. I	1	X	1	*	-	
עזר	VB.	9	X	8		1	
עטה	VB.	1	X	-		1	*
עטף	VB. I	1	X	-		1	*
עטרה	NM.	1	X	-		1	*
עיט	NM.	1	X	1	*	-	
עין	NM.	18	X	11		7	
עיף	NM.	1	X	1	*	-	
עיפה	NP. I	1	X	-		1	*
עיר	NM.	12	X	7		5	
עכביש	NM.	1	X	-		1	*
עכבר	NM.	1	X	-		1	*
עכור	NP.	1	X	-		1	*
על		95	X	49		46	
על	NM.	1	X	1	*	-	
עלה	VB.	12	X	5		7	
עלה	NM.	3	X	2		1	
עלה	NM. I	1	X	-		1	*
עלומים	NM.	1	X	1	*	-	

		TOTAL DI. AND TI.	DI.	TI.
עלם	VB.	1 X	-	1 *
עלף	VB.	1 X	1 *	-
עם		1 X	1 *	-
עם	NM.	46 X	24	22
עמד	VB.	10 X	6	4
עמל	NM.	2 X	1	1
עמס	VB.	2 X	2 *	-
עמק	NM.	1 X	-	1 *
ענג	VB.	4 X	1	3
ענג	NM.	1 X	1 *	-
ענג	NM. I	1 X	-	1 *
ענה	VB.	9 X	4	5
ענה	VB. I	7 X	2	5
ענו	NM.	1 X	-	1 *
עני	NM.	6 X	4	2
עני	NM. I	1 X	1 *	-
ענן	VB.	1 X	-	1 *
ענן	NM.	1 X	1 *	-
עסיס	NM.	1 X	1 *	-
עפר	NM.	6 X	5	1
עץ	NM.	12 X	8	4
עצב	VB.	2 X	1	1
עצב	NM.	1 X	1 *	-
עצב	NM. III	1 X	1 *	-
עצב	NM. V	1 X	-	1 *
עצה	NM.	5 X	5 *	-
עצום	NM.	2 X	1	1
עצם	NM.	2 X	-	2 *
עצמה	NM.	2 X	2 *	-
עצמות	NM.	1 X	1 *	-
עצר	VB.	1 X	-	1 *
עצר	NM.	1 X	1 *	-
עקב	NM. II	1 X	1 *	-
עקר	NM.	1 X	1 *	-
עקש	VB.	1 X	-	1 *
ערבה	NM.	4 X	4 *	-
ערה	VB.	1 X	1 *	-
ערוה	NM.	1 X	1 *	-
ערום	NM.	1 X	-	1 *
עריץ	NM.	1 X	1 *	-
ערך	VB.	3 X	2	1
ערל	NM.	1 X	1 *	-
ערף	NM.	1 X	1 *	-
ערף	VB. I	1 X	-	1 *
ערפל	NM.	1 X	-	1 *
ערץ	VB.	1 X	1 *	-
עשב	NM.	1 X	1 *	-
עשה	VB.	49 X	32	17
עש	NM.	2 X	2 *	-
עשיר	NM.	1 X	1 *	-
עשן	NM.	2 X	1	1
עשק	VB.	1 X	1 *	-
עשק	NM.	2 X	1	1
עת	NM.	3 X	2	1
עתה		12 X	10	2

		TOTAL DI. AND TI.		DI.		TI.	
פאר	VB.	8	X	3		5	
פאר	NM.	2	X	-		2	*
פגול	NM.	1	X	-		1	*
פגע	VB.	5	X	3		2	
פגר	NM.	1	X	-		1	*
פדה	VB.	1	X	1	*	-	
פדות	NM.	1	X	1	*	-	
פה		1	X	1	*	-	
פה	NM.	17	X	10		7	
פוך	NM.	1	X	1	*	-	
פול	NP.	1	X	-		1	*
פוץ	VB.	1	X	1	*	-	
פוק	VB.	1	X	-		1	*
פורה	NM.	1	X	-		1	*
פחד	VB.	4	X	3		1	
פחח	VB.	1	X	1	*	-	
פחם	NM.	2	X	2	*	-	
פטיש	NM.	1	X	1	*	-	
פיפיות	NM.	1	X	1	*	-	
פליט	NM.	1	X	1	*	-	
פליט	NM. I	1	X	-		1	*
פלל	VB.	3	X	3	*	-	
פלס	NM.	1	X	1	*	-	
פן		2	X	2	*	-	
פנה	VB.	6	X	3		3	
פנה	NM.	34	X	19		15	
פסיל	NM.	1	X	1	*	-	
פסל	NM.	9	X	9	*	-	
פצה	VB.	1	X	1	*	-	
פצל	VB.	5	X	5	*	-	
פצל	NM.	4	X	3		1	
פצלה	NM.	5	X	2		3	
פצם	NM.	2	X	1		1	
פצח	VB.	5	X	5	*	-	
פקד	VB.	1	X	-		1	*
פקדה	NM.	1	X	-		1	*
פקח	VB.	2	X	2	*	-	
פקחקוח	NM.	1	X	-		1	*
פרד	NM.	1	X	-		1	*
פרה	VB.	1	X	1	*	-	
פרח	VB.	1	X	-		1	*
פרי	NM.	1	X	-		1	*
פרס	VB.	1	X	-		1	*
פרץ	VB.	1	X	1	*	-	
פרץ	NM.	1	X	-		1	*
פרר	VB.	1	X	1	*	-	
פרש	VB.	1	X	-		1	*
פשע	VB.	7	X	5		2	
פשע	NM.	10	X	5		5	
פשתה	NM.	2	X	2	*	-	
פתאם		2	X	2	*	-	
פתח	VB.	12	X	10		2	
צאן	NM.	5	X	1		4	
צאצאים	NM.	5	X	3		2	
צב	NM. I	1	X	-		1	*

		TOTAL DI. AND TI.	DI.	TI.
צבא	NM.	9 X	9 *	-
צד	NM.	2 X	-	2 *
צדיק	NM.	7 X	4	3
צדק	VB.	5 X	5 *	-
צדק	NM.	17 X	10	7
צדקה	NM.	24 X	11	13
צהל	VB.	1 X	1 *	-
צהרים	NM.	2 X	-	2 *
צואר	NM.	1 X	1 *	-
צוה	VB.	4 X	4 *	-
צוח	VB.	1 X	1 *	-
צולה	NM.	1 X	1 *	-
צום	VB.	3 X	-	3 *
צום	NM.	4 X	-	4 *
צוק	VB.	2 X	2 *	-
צור	NM.	4 X	4 *	-
צחצחות	NM.	1 X	-	1 *
ציה	NM.	2 X	2 *	-
ציון	NP.	18 X	11	7
ציץ	NM.	3 X	3 *	-
ציר	VB.	1 X	-	1 *
ציר	NM.	1 X	1 *	-
ציר	NM. II	1 X	-	1 *
צל	NM.	2 X	2 *	-
צלה	VB.	2 X	2 *	-
צלח	VB.	4 X	4 *	-
צלי	NM.	1 X	1 *	-
צמא	VB.	3 X	2	1
צמא	NM.	2 X	2 *	-
צמא	NM. I	2 X	2 *	-
צמה	NM.	1 X	1 *	-
צמח	VB.	8 X	5	3
צמח	NM.	1 X	-	1 *
צמר	NM.	1 X	1 *	-
צניף	NM.	1 X	-	1 *
צעה	VB.	2 X	1	1
צעיר	NM.	1 X	-	1 *
צעק	VB.	3 X	2	1
צפה	VB.	2 X	1	1
צפון	NM.	3 X	3 *	-
צפעני	NM.	1 X	-	1 *
צר	NM.	2 X	1	1
צר	NM. I	3 X	-	3 *
צרה	NM.	3 X	1	2
צרח	VB.	1 X	1 *	-
צרף	VB.	5 X	5 *	-
צרר	VB.	1 X	1 *	-
קבוץ	NM.	1 X	-	1 *
קבעת	NM.	2 X	2 *	-
קבץ	VB.	15 X	8	7
קבר	NM.	2 X	1	1
קדוש	NM.	19 X	14	5
קדח	VB.	2 X	1	1
קדם	NM.	3 X	3 *	-
קדמני	NM.	1 X	1 *	-

		TOTAL DI. AND TI.		DI.	TI.
קדר	NP.	2	X	1	1
קדרות	NM.	1	X	1 *	-
קדש	VB.	2	X	-	2 *
קדש	NM.	18	X	4	14
קו	NM.	1	X	1 *	-
קוה	VB.	7	X	3	4
קול	NM.	16	X	9	7
קום	VB.	14	X	11	3
קור	NM.	2	X	-	2 *
קטן	NM.	2	X	1	1
קטר	VB.	2	X	-	2 *
קיר	NM.	1	X	-	1 *
קלל	VB.	2	X	1	1
קמח	NM.	1	X	1 *	-
קנאה	NM.	3	X	1	2
קנה	VB.	1	X	1 *	-
קנה	NM.	3	X	3 *	-
קסם	VB.	1	X	1 *	-
קפץ	VB.	1	X	1 *	-
קצה	NM.	3	X	3 *	-
קצה	NM. I	6	X	4	2
קצף	VB.	7	X	2	5
קצף	NM.	2	X	1	1
קצר	VB.	3	X	2	1
קרא	VB.	56	X	32	24
קרא	VB. I	3	X	3 *	-
קרב	VB.	8	X	6	2
קרב	NM.	1	X	-	1 *
קרבה	NM.	1	X	-	1 *
קרוב	NM.	5	X	3	2
קרס	VB.	2	X	2 *	-
קרע	VB.	1	X	-	1 *
קש	NM.	3	X	3 *	-
קשב	VB.	4	X	4 *	-
קשה	NM.	1	X	1 *	-
קשח	VB.	1	X	-	1 *
קשר	VB.	1	X	1 *	-
קשת	NM.	2	X	1	1
ראה	VB.	39	X	21	18
ראש	NM.	9	X	7	2
ראשון	NM.	17	X	12	5
ראשית	NM.	1	X	1 *	-
רב	NM.	11	X	9	2
רב	NM. I	7	X	4	3
רבב	VB.	2	X	-	2 *
רבה	VB.	4	X	3	1
רבץ	VB.	1	X	1 *	-
רבץ	NM.	1	X	-	1 *
רגז	VB.	1	X	-	1 *
רגל	NM.	9	X	4	5
רגע	VB.	2	X	2 *	-
רגע	NM.	3	X	3 *	-
רדד	VB.	1	X	1 *	-
רדף	VB.	2	X	2 *	-
רהב	NP.	1	X	1 *	-

		TOTAL DI. AND TI.	DI.	TI.
רוה	VB.	2 X	2 *	-
רוה	NM.	1 X	-	1 *
רוח	NM.	23 X	9	14
רום	VB.	9 X	5	4
רוע	VB.	2 X	2 *	-
רוץ	VB.	4 X	3	1
רזן	VB.	1 X	1 *	-
רחב	VB.	4 X	1	3
רחב	NM. II	1 X	-	1 *
רחוק	NM.	10 X	4	6
רחים	NM.	1 X	1 *	-
רחל	NM.	1 X	1 *	-
רחם	VB.	7 X	6	1
רחם	NM.	1 X	1 *	-
רחמים	NM.	4 X	2	2
רחק	VB.	5 X	3	2
ריב	VB.	5 X	4	1
ריב	NM.	3 X	2	1
ריק	NM.	2 X	1	1
ריקם		1 X	1 *	-
רך	NM.	1 X	1 *	-
רכב	VB.	1 X	-	1 *
רכב	NM.	2 X	1	1
רכס	NM.	1 X	1 *	-
רמס	VB.	2 X	1	1
רנה	NM.	7 X	7 *	-
רנן	VB.	8 X	6	2
רע	NM.	6 X	1	5
רע	NM. I	1 X	1 *	-
רעב	VB.	3 X	2	1
רעב	NM.	1 X	1 *	-
רעב	NM. I	2 X	-	2 *
רעה	VB.	8 X	4	4
רעה	NM.	3 X	2	1
רעה	VB. I	1 X	1 *	-
רעבן	NM.	1 X	-	1 *
רעע	VB.	3 X	1	2
רעף	VB.	1 X	1 *	-
רפא	VB.	3 X	1	2
רפש	NM.	1 X	-	1 *
רצה	VB.	1 X	1 *	-
רצה	VB. I	1 X	1 *	-
רצון	NM.	6 X	1	5
רצץ	VB.	2 X	1	1
רק	NM.	1 X	1 *	-
רקב	VB.	1 X	1 *	-
רקח	NM. I	1 X	-	1 *
רקע	VB.	3 X	3 *	-
רשע	VB.	2 X	2 *	-
רשע	NM.	5 X	3	2
רשע	NM. I	2 X	-	2 *
רתקות	NM.	1 X	1 *	-
שבע	VB.	5 X	2	3
שבעה	NM.	2 X	1	1
שדה	NM.	3 X	3 *	-

			TOTAL DI. AND TI.		DI.		TI.	
שדי	NM.		1	X	-		1	*
שה	NM.		3	X	2		1	
שוש	VB.		8	X	-		8	*
שיבה	NM.		1	X	1	*	-	
שיח	VB.		1	X	1	*	-	
שים	VB.		39	X	28		11	
שכל	VB.		4	X	4	*	-	
שכר	VB.		1	X	1	*	-	
שכר	NM.		2	X	1		1	
שמאל	NM.		1	X	1	*	-	
שמח	VB.		3	X	-		3	*
שמחה	NM.		6	X	4		2	
שנא	VB.		3	X	-		3	*
שפה	NM.		2	X	-		2	*
שק	NM.		2	X	1		1	
שר	NM.		2	X	2	*	-	
שרד	NM.		1	X	1	*	-	
שרה	NM.		1	X	1	*	-	
שרה	NP.		1	X	1	*	-	
שרף	VB.		3	X	3	*	-	
שרפה	NM.		1	X	-		1	*
ששון	NM.		3	X	2		1	
שאול	NM.		1	X	-		1	*
שאון	NM.		1	X	-		1	*
שאל	VB.		4	X	2		2	
שאף	VB.		1	X	1	*	-	
שאר	VB.		1	X	1	*	-	
שארית	NM.		2	X	2	*	-	
שבא	NP.		1	X	-		1	*
שבה	VB.		1	X	-		1	*
שבועה	NM.		1	X	-		1	*
שבט	NM.		2	X	1		1	
שבי	NM.		3	X	3	*	-	
שביה	NM.		1	X	1	*	-	
שבל	NM.		1	X	1	*	-	
שבע	VB.		8	X	5		3	
שבר	VB.		4	X	2		2	
שבר	NM.		4	X	1		3	
שבר	VB.	I	2	X	2	*	-	
שבת	NM.		7	X	-		7	*
שד	NM.		3	X	1		2	
שד	NM.	III	2	X	-		2	*
שוא	NM.		1	X	-		1	*
שואה	NM.		1	X	1	*	-	
שוב	VB.		21	X	16		5	
שובב	NM.	I	1	X	-		1	*
שוה	VB.		2	X	2	*	-	
שוע	VB.		1	X	-		1	*
שופר	NM.		1	X	-		1	*
שוק	NM.		1	X	1	*	-	
שור	NM.		1	X	-		1	*
שור	VB.	I	1	X	-		1	*
שחד	NM.		1	X	1	*	-	
שחה	VB.		1	X	1	*	-	
שחח	VB.		1	X	-		1	*

			TOTAL DI. AND TI.	DI.	TI.
שחט	VB.		2 X	-	2 *
שחק	NM.		2 X	2 *	-
שחר	VB.		1 X	1 *	-
שחר	NM.		1 X	-	1 *
שחת	VB.		5 X	2	3
שחת	NM.		1 X	1 *	-
שטה	NM.		1 X	1 *	-
שטף	VB.		2 X	1	1
שיר	VB.		1 X	1 *	-
שיר	NM.		1 X	1 *	-
שכב	VB.		4 X	3	1
שכול	NM.		2 X	2 *	-
שכולה	NM.		1 X	1 *	-
שכח	VB.		7 X	6	1
שכח	NM.		1 X	-	1 *
שכלים	NM.		1 X	1 *	-
שכן	VB.		3 X	-	3 *
שכר	VB.		2 X	1	1
שכר	NM.		1 X	1 *	-
שכר	NM.	I	1 X	-	1 *
שלג	NM.		1 X	1 *	-
שלום	NM.		17 X	9	8
שלח	VB.		12 X	7	5
שלחן	NM.		1 X	-	1 *
שליש	NM.		1 X	1 *	-
שלל	VB.		1 X	-	1 *
שלל	NM.		1 X	1 *	-
שלם	VB.		10 X	3	7
שם			5 X	3	2
שם	NM.		40 X	22	18
שמד	VB.		1 X	1 *	-
שמה		I	2 X	1	1
שמועה	NM.		1 X	1 *	-
שמים	NM.		23 X	18	5
שמם	VB.		9 X	5	4
שממה	NM.		2 X	-	2 *
שמן	NM.		3 X	1	2
שמע	VB.		56 X	43	13
שמע	NM.		1 X	-	1 *
שמר	VB.		7 X	1	6
שמש	NM.		7 X	4	3
שנה	NM.		4 X	-	4 *
שנים	NM.		2 X	2 *	-
שסה	VB.		1 X	1 *	-
שעה	VB.		2 X	2 *	-
שעל	NM.		1 X	1 *	-
שען	VB.		1 X	1 *	-
שעע	VB.		1 X	-	1 *
שער	NM.		5 X	2	3
שפט	VB.		5 X	3	2
שפי	NM.		2 X	2 *	-
שפך	VB.		3 X	1	2
שפל	VB.		2 X	1	1
שפל	NM.		2 X	-	2 *
שפעה	NM.		1 X	-	1 *

		TOTAL DI. AND TI.	DI.	TI.
שצף	NM.	1 X	1 *	-
שקה	VB.	1 X	1 *	-
שקוץ	NM.	1 X	-	1 *
שקט	VB.	2 X	-	2 *
שקל	VB.	3 X	3 *	-
שקץ	NM.	1 X	-	1 *
שקר	VB.	1 X	-	1 *
שקר	NM.	4 X	1	3
שרב	NM.	1 X	1 *	-
שרון	NP.	1 X	-	1 *
שריון	NM.	1 X	-	1 *
שרש	VB.	1 X	1 *	-
שרש	NM.	1 X	1 *	-
שרת	VB.	4 X	-	4 *
שתה	VB.	7 X	4	3
תאו	NM.	1 X	1 *	-
תאר	VB.	2 X	2 *	-
תאר	NM.	2 X	2 *	-
תאשור	NM.	2 X	1	1
תבונה	NM.	3 X	3 *	-
תבל	NP.	1 X	-	1 *
תבן	NM.	1 X	-	1 *
תבנית	NM.	1 X	1 *	-
תדהר	NM.	2 X	1	1
תהו	NM.	8 X	7	1
תהום	NM.	2 X	1	1
תהלה	NM.	11 X	5	6
תודה	NM.	1 X	1 *	-
תוך	NM.	5 X	2	3
תולעה	NM.	2 X	1	1
תועבה	NM.	2 X	2 *	-
תורה	NM.	5 X	5 *	-
תחת	NM.	19 X	8	11
תחתי	NM.	1 X	1 *	-
תימן	NM.	1 X	1 *	-
תירוש	NM.	2 X	-	2 *
תכן	VB.	2 X	2 *	-
תלבשת	NM.	1 X	-	1 *
תלל	VB.	1 X	1 *	-
תם	NM. I	1 X	1 *	-
תמיד		7 X	3	4
תמך	VB.	2 X	2 *	-
תן	NM.	1 X	1 *	-
תנחומים	NM.	1 X	-	1 *
תנין	NM.	1 X	1 *	-
תעב	VB.	1 X	1 *	-
תעה	VB.	3 X	2	1
תעלולים	NM.	1 X	-	1 *
תפארת	NM.	10 X	3	7
תפלה	NM.	2 X	-	2 *
תרומה	NM.	1 X	1 *	-
תרזה	NM.	1 X	1 *	-
תרעלה	NM.	2 X	2 *	-
תרשיש	NP.	2 X	-	2 *
תשועה	NM.	3 X	3 *	-

		TOTAL DI. AND TI.	DI.	TI.
VOCABULARY	:	1374	1033	811
OCCURRENCES	:	9426	5738	3688
UNICA	:		563	341

TABLE of CONTENTS

A U T H O R S

Jean Ch. BASTIAENS (1957),
Research-assistant of Old Testament, Katholieke Theologische Hogeschool of Amsterdam (KTHA).

Wim A.M. BEUKEN SJ (1931),
Professor of Old Testament, Katholieke Theologische Hogeschool of Amsterdam (KTHA). He wrote several articles on Deutero-Isaiah and published in the series "De Prediking van het Oude Testament" a Commentary on the Second Isaiah, in two parts (Nijkerk 1979-83). He is preparing now a Commentary on Trito-Isaiah, to be published in the same series.

Ferenc POSTMA (1945),
Member of the Werkgroep Informatica, Faculty of Theology, Vrije Universiteit, Amsterdam. He published in 1981 in cooperation with his colleagues E. Talstra and H.A. van Zwet: "Deuterojesaja. Proeve van automatische tekstverwerking ten dienste van de exegese" (Amsterdam 1981), and in 1983 in cooperation with E. Talstra and M. Vervenne: "Exodus. Materials in automatic text processing" (series "Instrumenta Biblica", Vol. 1/Part I-II) (Amsterdam-Turnhout 1983).